AF898325

Flo Pharell

Hinter der Maske

Wie Scheitern zum Sprungbrett für ein außergewöhnliches Leben wurde

ForwardVerlag

ForwardVerlag

Hinter der Maske

Wie Scheitern zum Sprungbrett für ein außergewöhnliches Leben wurde

Copyright © 2026 ForwardVerlag
Imprint der Verlagsgruppe StudyHelp GmbH, Paderborn
www.forwardverlag.de

1. Auflage

Autor: Flo Pharell

Illustratorin: Aurora Benegiamo
Kontakt: info@forwardverlag.de
Umschlaggestaltung: @magier
Druck: mediaprint solutions GmbH

Disclaimer / Haftungsausschluss
Das Werk inklusive aller Inhalte wurde unter größter Sorgfalt erarbeitet. Der Verlag übernimmt jedoch keine Gewähr für die Aktualität, Korrektheit, Vollständigkeit und Qualität der bereitgestellten Informationen. Druckfehler und Falschinformationen können nicht vollständig ausgeschlossen werden.

ISBN 978-3-98755-174-1

„Die Welt gehört nicht den Angepassten.
Sie gehört den Mutigen. Den Suchenden. Den Ehrlichen."

INHALT

Intro

Mein Name ist Flo Pharell, ich bin 31 Jahre alt und ich möchte dir heute meine Geschichte erzählen. Während ich diese Zeilen schreibe, sitze ich gerade auf meiner privaten Terrasse eines Luxushotels im Dschungel Sri Lankas. Vor mir der spektakuläre Sonnenaufgang, der den Himmel in ein Meer aus Lila und Orange färbt. Hinter mir höre ich das Blubbern meines privaten Junior Suite *Jacuzzis*. Ein leichter Wind weht und ich nehme einen Schluck meines Ceylon Tees mit Milch und Zucker. Ich checke kurz die Aktienkurse des gestrigen Tages und wie sich meine Kryptowährungen über Nacht entwickelt haben. Gar nicht schlecht.

Ich habe mittlerweile Aktien im Wert von 1,5 Millionen Euro, Kryptowährungen im Wert von knapp 100.000 Euro, zwei Immobilien in Dubai und dem Nachbaremirat Ras al Khaimah im Wert von 570.000 Euro sowie drei wundervolle *Rolex* Uhren. Ich lebe seit 2022 im höchsten Gebäude der Welt – im Burj Khalifa – und bin seit 2015 selbstständig im Bereich Online-Marketing und bereise die Welt. Es geht mir gut. Nein, es geht mir sehr gut. Ich bin angekommen im Leben. Sorglos.

Ich lehne mich kurz in meinem Stuhl zurück und höre auf zu schreiben. Ich muss unweigerlich lächeln. Was für eine irre Reise! Mit dieser Reise ist nicht die Reise in den Dschungel von Sri Lanka gemeint, sondern die Reise eines einfachen Jungen aus München, der bei Null gestartet ist, bis zu diesem besonderen Punkt in seinem Leben. Von dieser Reise möchte ich dir in diesem Buch erzählen. Weniger davon, was ich alles besitze, sondern vielmehr davon, wie ich es erreicht habe und wie ich zu der glücklichen Person geworden bin, die ich heute bin. Es soll um Werte gehen – weniger monetäre Werte, als vielmehr um geistige Werte. Es soll um Freiheit gehen – doch neben der finanziellen Freiheit vor allem darum, ein freier Mensch zu sein. Und natürlich soll es auch um das Leben an sich gehen und wie du Erfüllung und Freude in jedem Tag findest.

Ich hoffe, ich kann dich dadurch ein wenig inspirieren und möchte dir nun persönliche Einblicke in mein Leben geben, die ich so noch nie jemandem gewährt habe. Lass uns gemeinsam auf eine Reise in die Vergangenheit gehen …

„Wenn du ein Buch liest und nie wieder zurückblättern dürftest – wie sorgsam und aufmerksam würdest du dann jede einzelne Seite lesen?"

KAPITEL 1

NOTAR ODER MÜLLMANN

Ich sitze gemeinsam mit meinem kleinen Bruder auf der Rücksitzbank eines *Audi 80* auf dem Weg in meine Grundschule. Unsere Mama fährt uns. Es ist das Jahr 1998 und ich gehe in die erste Klasse. Nachdem ich mit meinem Bruder ausführlichst über unser jeweiliges Lieblings-*Pokémon* diskutiert habe, kommt mir eine fast genauso wichtige Frage in den Sinn und ich wende mich an meine Mama: „Was soll ich später eigentlich mal werden?" Mein Bruder ruft voller Überzeugung von der Seite: „Ist doch klar: *Pokémon*-Trainer!"

Meine Mama schaut in den Rückspiegel, lächelt und antwortet auf meine Frage mit den folgenden Worten, die ich bis heute noch gut in Erinnerung habe: „Notar oder Müllmann!" Mein Bruder und ich schauen uns fragend an und die Idee einer Karriere als *Pokémon*-Trainer scheint uns gar nicht mehr so unattraktiv bei den Alternativen. „Aber warum denn genau diese beiden Berufe?", frage ich meine Mama verwirrt. Meine Mama muss wieder lächeln und erklärt es folgendermaßen: „Notar zu werden ist zwar sehr schwierig, aber der Beruf an sich ist eine der Tätigkeiten, bei denen man am einfachsten eine Menge Geld verdienen kann – ein Beruf, der sich lohnt. Ein Müllmann hingegen hat einen Beruf, der zwar nicht allzu hoch entlohnt wird, dafür aber gesellschaftlich eine hohe Relevanz hat und eine relativ sichere Anstellung bedeutet – Müllmänner wird ein Land immer benötigen, und man ist ein nützlicher Teil der Gesellschaft."

Ich schaue nachdenklich aus dem Autofenster und komme ins Grübeln. Die Frage, was ich später einmal werden möchte, beschäftigt mich noch den ganzen Tag. Als ich abends kurz vor dem Schlafengehen noch in meiner Bücherkiste nach einem interessanten Buch suche, stoße ich zufällig auf ein Kinderbuch, welches ich zu meinem letzten Geburtstag von einem meiner Freunde aus der Schule geschenkt bekommen habe: „Das alte Ägypten". Das Buch handelt von einem Archäologen, der das alte Ägypten erforscht und von Pyramiden und Pharaonen erzählt. „Warum werde ich eigentlich kein Archäologe?", frage ich mich. Der Beruf scheint aufregend zu sein, man kann in fremde Länder reisen und wird dafür auch noch bezahlt! Mein Entschluss steht somit fest: kein Notar, kein Müllmann. Eventuell *Pokémon*-Trainer, aber ansonsten: Archäologe im fernen Ägypten! Und so schlafe ich an diesem Tag besonders gut ein und träume von mächtigen Pyramiden und alten Pharaonen.

Dass alles ganz anders kommen sollte, ahnte der kleine Flo damals noch nicht. Heute, 25 Jahre später, frage ich mich häufiger mal, ob ich wohl genauso glücklich wäre, wenn ich meinen damaligen Traumberuf verwirklicht hätte, und wie mein Leben damit verlaufen wäre. Ich komme immer wieder zum Schluss: Ich wäre vermutlich mindestens genauso glücklich wie heute. Finanziell vermutlich nicht so erfolgreich, aber dennoch glücklich. Mein Fazit daraus: Der Faktor „Geld" ist wichtig bei der beruflichen Karriereplanung, auch die gesellschaftliche Bedeutung eines Berufs spielt eine Rolle – deshalb sind Notar und Müllmann zwei tolle Berufe. Aber wirkliche berufliche Erfüllung kann man nur dann finden, wenn man sich für einen Beruf entscheidet, der die eigene Identität prägt und widerspiegelt. Ein Beruf formt den Charakter, wenn er gut gewählt ist, oder deformiert den Charakter, wenn man eine unpassende Wahl getroffen hat. Daher ist es so unfassbar wichtig, sich nicht von äußeren Einflüssen in einen Beruf hineindrängen zu lassen, sondern wirklich in sich zu blicken und eine Berufung zu finden.

Der Zen-Buddhist Ananta Steuder hat dies in einem sehr anschaulichen Vergleich wie folgt beschrieben: „Ein Kleinkind ist ein stiller Teich mit klarem Wasser, man kann bis auf den Grund schauen. Dann werfen die Eltern Steine in diesen Teich, später tun es Lehrer, Sporttrainer, Pfarrer und viele andere. Wir nehmen all diese Steine auf, meinen, es sei unser Eigenes, und lassen uns dadurch programmieren." Ich bin heute kein Archäologe, kein Notar, kein Müllmann und auch (leider) kein *Pokémon*-Trainer. Aber ich habe eine Berufung für mich gefunden, die mich erfüllt und glücklich macht: meine Selbstständigkeit im Online-Marketing. Wie es dazu gekommen ist, wie man mit Wandel im Leben umgehen sollte und wie man in seinem Leben die richtigen Weichen stellt, um ein erfülltes Leben zu erreichen, dazu kommen wir zu einem späteren Zeitpunkt in diesem Buch.

KAPITEL 2

LEBENSGUTSCHEINE

Mein Bruder und ich sind schon den ganzen Morgen aufgeregt und freiwillig bereits früh voller Vorfreude aufgestanden: Wir gehen heute zum Oktoberfest! Hastig essen wir unser Müsli und möchten endlich losfahren. Wir kommen aus München, der Weg ist also nicht weit. Mama und Papa packen noch schnell die letzten Sachen zusammen und dann geht es endlich los. Wir fahren mit der U-Bahn Richtung Innenstadt und mein Bruder und ich planen bereits, welche Fahrgeschäfte wir zuerst fahren, und diskutieren, was wohl am meisten Spaß machen wird.

Am Oktoberfest angekommen, glänzen unsere Kinderaugen: unzählige spannende Fahrgeschäfte, der Geruch von gebrannten Mandeln in der Luft und animierende Musik aus allen Richtungen. Wir rennen los und unsere Eltern haben es schwer, uns durch die Menschenmassen zu folgen. „Wir wollen *Wilde Maus* fahren!“, rufen mein Bruder und ich freudig zu unseren Eltern. Die *Wilde Maus*, das ist eines der bekanntesten Fahrgeschäfte auf dem Oktoberfest und jedes Jahr eines der Highlights unseres Oktoberfestbesuchs. Gesagt, getan. Ab zum nächsten Fahrgeschäft. Dann eine Zuckerwatte. Ein halbes Hähnchen. Eine Limo. Autoscooter. Und vieles mehr.

Nach etwa drei Stunden auf dem Oktoberfest geht unseren Eltern so langsam die Puste aus, um uns immer wieder von Fahrgeschäft zu Fahrgeschäft hinterherzueilen, und es wird auch immer voller. „So Kinder, lasst uns langsam wieder Richtung U-Bahn gehen und nach Hause fahren. Da könnt ihr dann noch weiter im Garten herumtoben“, ruft unser Papa uns hinterher, als wir gerade wieder Richtung *Wilde Maus* losrennen wollen. „Aber Papa, wir wollen nochmal *Wilde Maus* fahren! Und auch nochmal Autoscooter, das macht so Spaß!“, antworte ich meinem Papa leicht jammernd.

Mein Papa muss schmunzeln und spricht diplomatisch: „Na gut, wir werden noch einmal *Wilde Maus* fahren, aber dann geht es wieder ab nach Hause. Deine Mama wird mit deinem Bruder in einem Wagen des Fahrgeschäfts fahren und ich werde mit dir zusammen in einem Wagen fahren.“ Ich bin aufgeregt. Das bin ich immer bei der *Wilden Maus*.

Als ich mich mit meinem Papa in einen der Wagen setze und wir darauf warten, dass die Fahrt endlich losgeht, kramt mein Papa den entwerteten Fahrschein für die *Wilde Maus* aus seiner Hosentasche hervor und gibt ihn mir. Ich schaue ihn verwundert an und frage: „Was soll ich denn mit dem entwerteten Fahrschein, Papa?" Mein Papa beginnt zu erklären: „Weißt du, es gibt viele Kinder in deinem Alter, die auch gerne auf das Oktoberfest gehen und all die wunderbaren Fahrgeschäfte fahren möchten, die du heute gefahren bist. Die gerne Zuckerwatte essen und gerne Autoscooter fahren würden. Aber es nicht können. Jeder Fahrschein wurde mit Geld gekauft. Geld, das deine Mutter und ich verdient haben. Je mehr du hier also auf dem Oktoberfest erleben möchtest, umso mehr Fahrscheine musst du kaufen und umso mehr Geld benötigst du. Du weißt, dass es uns gut geht und wir uns um Geld keine großen Sorgen machen müssen." Ich nicke.

Mein Papa fährt fort: „Aber bitte behalte im Hinterkopf, dass so ein Tag wie heute für viele Menschen nicht selbstverständlich ist. Und denke auch an deine eigene Zukunft: Je mehr du auf dieser Welt erleben möchtest, umso mehr Fahrscheine bzw. *Lebensgutscheine* wirst du benötigen, und in der Regel werden dich alle Erlebnisse damit am Ende auch Geld kosten. Sei es eine Reise nach Ägypten, dein Traumauto, welches du fahren möchtest, oder ein sorgenfreies Leben für deine Kinder, wenn du einmal älter bist und eine eigene Familie gründen möchtest. Natürlich kann man auch mit wenigen Fahrscheinen bzw. *Lebensgutscheinen* und wenig Geld ein erfülltes und glückliches Leben führen und die wichtigsten Dinge im Leben, wie Liebe, Gesundheit oder Freundschaft sind mit Geld nicht zu kaufen – aber du kannst dir ja auch gerne einmal selbst die Frage stellen, ob dir der heutige Tag mehr oder weniger Spaß gemacht hätte ohne die vielen Fahrgeschäfte."

Ich schaue den entwerteten Fahrschein, den ich in der Hand halte, nachdenklich an und beginne zu grübeln. „Es geht los, bitte festhalten!", ruft der Mitarbeiter der *Wilden Maus* und die Fahrt beginnt.

KAPITEL 3

DER SCHMETTERLING

„Endlich Ferien!", rufe ich, als ich fröhlich mit meinen Klassenkameraden die Treppe aus dem Schulgebäude hinunterrenne. Es sind Frühlingsferien – endlich! Auf dem Gehweg neben dem Schulgelände sehe ich bereits meine Mama und meinen Bruder stehen und winke ihnen aufgeregt zu. Die Sonne scheint. Ich höre Vögel zwitschern. Ich spüre ein freudiges inneres „Kribbeln" in mir – eine Art Abenteuerlust. Ich bin mir sicher: So fühlen sich Archäologen, wenn sie eine neue Ausgrabung beginnen. Meine Mama begrüßt mich mit den Worten: „Na dann wollen wir mal in die Ferien starten!" Zum Start in die Ferien wollen wir zum Mittagessen in ein griechisches Restaurant fahren, das mitten in einem kleinen Wald im Münchener Süden liegt. Meine Mama parkt das Auto vor dem kleinen Wald und wir machen uns zu Fuß auf den Weg zum Restaurant. Die Strecke vom Parkplatz bis zum Restaurant führt entlang eines kleinen Weges, der erst an der Seite eines Feldes und dann durch den Wald verläuft. Ein normaler Erwachsener benötigt für diese Strecke zu Fuß in gemütlichem Tempo etwa zehn Minuten. Wir allerdings benötigten hierfür regelmäßig eine halbe Stunde oder länger. Doch warum? Das will ich dir nun erklären. Stell es dir so vor:

Als wir gerade am Feld entlangschlendern, fällt mir ein Schmetterling auf. Er ist rot und hat eine ganz besondere Musterung. Ich möchte ihn mir genauer ansehen. Ich verfolge den Schmetterling, der sich flink durch die Luft bewegt und immer wieder die Richtung ändert. Links. Rechts. Und wieder links. Ich bin erleichtert, als der Schmetterling endlich eine Pause einlegt und auf einem kleinen Kleeblatt landet. Ich gehe in die Hocke und betrachte ihn interessiert. „Wow, das ist der schönste Schmetterling, den ich bisher in meinem Leben gesehen habe!", denke ich mir fasziniert. Ich grinse. Jede kleine Bewegung dieses wunderschönen Wesens betrachte ich begeistert.

Aus einiger Entfernung kann ich meine Mama rufen hören: „Komm Flo, lass uns weitergehen, sonst kommen wir erst zum Abendessen beim Restaurant an!" Ich stehe wieder auf und laufe in Richtung meiner Mama und meines Bruders und wir betreten den Wald. Es wird spürbar etwas kühler. Durch die Baumkronen der großen, mächtigen Bäume links und rechts entlang des Weges weht ein leichter Wind und ich horche aufmerksam dem sanften Rascheln der Blätter. „Schau mal, Flo!“, ruft mein kleiner Bruder, der aufgeregt auf einen Stein zeigt, welcher etwa einen Meter neben dem Waldweg liegt. Ich schaue genauer hin und erkenne es nun auch: ein riesengroßer, grün schimmernder Käfer! „Wow, schaut der cool aus! Fast wie ein Skarabäus, der berühmte ägyptische Käfer, den ich aus meinen Büchern über das alte Ägypten kenne!“, denke ich mir und fühle wieder das Kribbeln in mir, das ich schon vorhin beim Verlassen der Schule gespürt hatte. Mein kleiner Bruder und ich verfolgen gespannt jeden kleinen Schritt, den der exotische Käfer tätigt.

Wir denken in diesem Moment nicht mehr an das Restaurant. Wir vergessen unseren Hunger. Wir sind fasziniert von den Wundern, die sich direkt vor unseren Füßen abspielen. Erst der wunderschöne Schmetterling. Jetzt der tolle Käfer. Der Duft nach frischem Moos und nasser Erde in der Luft. Das Rascheln der Blätter. Und plötzlich kniet sich auch unsere Mama neben uns auf den Boden, schaut sich den Käfer an und bemerkt: „Ein wirklich schöner Käfer! Als ich in eurem Alter war, haben mich im Wald vor allem Kaulquappen interessiert, die in den großen Pfützen und Tümpeln entlang der Waldwege geschwommen sind. Lasst uns weitergehen und vielleicht finden wir ja auch noch Kaulquappen auf dem Weg ins Restaurant.“ Mein Bruder und ich schauen uns mit weit geöffneten Augen an, nicken uns zustimmend zu und machen uns wieder auf den Weg in Richtung Restaurant.

•••

Während ich diese Zeilen hier gerade im Dschungel Sri Lankas schreibe, mache ich öfters einmal kurz Pause, hebe meinen Blick vom Laptop, schaue in die Ferne. Ich sehe die Palmen des Dschungels, wie sie sich leicht im Wind hin und her bewegen. Sehe Vögel am Himmel fliegen. Höre von Weitem aufgeregtes Affengebrüll. Ein Schmetterling setzt sich auf das Geländer meiner Terrasse. Ich muss schmunzeln und mir fällt ein: Ich bin dir noch eine Antwort schuldig auf die Frage, warum wir regelmäßig für die kurze Strecke zum griechischen Restaurant mehr als dreimal so lang gebraucht haben wie ein normaler Erwachsener. Das lag ganz sicher nicht an der Tatsache, dass wir als Kinder nicht schnell genug laufen konnten. Das lag auch nicht daran, dass wir uns regelmäßig verlaufen hätten. Nein, es hat einen ganz simplen und weitaus logischeren Grund: Wir waren Kinder mit kindlicher Wahrnehmung. Der Fußweg entlang des Feldes und dann durch den Wald ins Restaurant ist für einen Erwachsenen eine angenehme Strecke, um ans Ziel zu kommen. Für ein Kind sind es viele Meter Abenteuer. Auf jedem Meter etwas zu entdecken. Jeder Zentimeter voller Leben. Riechen, sehen, fühlen, schmecken – alle Sinne im vollen Einsatz. Jeder kleine Käfer kann zum großen Abenteuer werden. Das Restaurant – gedanklich zumindest – ganz weit weg in diesen Momenten.

Ich denke, diese Fähigkeit sollte sich jeder Erwachsene immer wieder bewusst aneignen. Als Erwachsener hat man weitgehend verlernt, die Welt um sich herum wahrzunehmen. Wirklich wahrzunehmen. Intensiv und in allen Facetten. Man sieht das Ziel, aber nicht den Weg. Man denkt an morgen, vergisst dabei aber das Heute. Man strebt nach einem besseren Leben und vergisst dabei, im Hier und Jetzt zu leben. Auch ich habe mich schon oft dabei erwischt, wie ich in dieses Muster verfalle. Heute weiß ich aber, dass man in dieser Hinsicht an sich arbeiten muss. Nicht jede Entwicklung, die man vom Kind hin zum Erwachsenen durchmacht, ist eine gute. Daher versuche ich regelmäßig zu entschleunigen. Das große Wunder in kleinen Dingen zu sehen. Bewusst wahrzunehmen. Und auch mal tief einzuatmen, anstatt gehetzt durch den Alltag zu schnauben. Versuche es auch mal! Erinnere dich an die Zeit, als du ein Kind warst. Was hat dich fasziniert? Wie war deine Wahrnehmung? Bestimmt eine andere als heute. Kinder sind meist sehr glücklich. Erwachsene finden oft Gründe, um unglücklich zu sein. Als Kind wollte ich immer unbedingt schnell erwachsen werden. Heute als Erwachsener wünsche ich mir öfter, wieder ein Kind zu sein.

KAPITEL 4

DAS STOTTERN

Heute bin ich ein erfolgreicher Influencer auf Social Media, der regelmäßig *YouTube*-Videos erstellt und offen über seine Finanzen und Investments spricht. Selbstbewusst, sicher und ohne Skript spreche ich in den Videos über Aktien, Kryptowährungen und meine Gedanken zur Börse und erreiche damit meine knapp 100.000 Abonnenten. „Verrückt!“, denke ich mir, als ich mich gleichzeitig an meine Kindheit zurückerinnere. Der junge Flo war bei Weitem nicht so selbstbewusst, nicht so sicher im Auftreten und schon gar nicht beim Reden, denn der junge Flo hatte ein großes Problem: das Stottern. Schon im Kindergarten fiel es mir schwer, einen Satz flüssig zu sprechen oder gar eine ganze Unterhaltung zu führen, ohne dabei unsicher zu stottern. Das war belastend für mich. Ich versuchte, mich bei Gesprächen weitestgehend nicht einzubringen. Zu groß war die Angst, mich zu blamieren. Doch wie konnte aus dem kleinen stotternden Jungen von damals die Person werden, die das Reden zum Beruf gemacht hat? Ich möchte es dir erklären. Natürlich spricht niemand gerne über Schwächen, niemand gesteht sich gerne ein, dass man ein Problem hat, und nur die wenigsten haben den Mut, daran zu arbeiten. Ich möchte heute über meine damalige Schwäche reden und wie ich sie überwunden habe, wodurch ich eine wichtige Lektion für mein gesamtes Leben lernen konnte. Begeben wir uns also wieder auf eine Reise in die Vergangenheit.

•••

Ich sitze im Klassenzimmer meiner Grundschule und höre der Lehrerin interessiert zu, wie sie über den Kreislauf des Wassers spricht und uns Schülern erklärt, wie Regen entsteht. Definitiv spannend! Doch plötzlich höre ich ein Wort, das mich immer wieder mit Schrecken erfüllt, wenn ich es höre: Gruppenarbeit! Unsere Lehrerin möchte die Klasse in fünf Gruppen mit jeweils vier Schülern aufteilen. „Grausam!“, denke ich mir und schlage meine Hände vor meinem Gesicht zusammen. In Gruppenarbeiten muss ich reden. Argumentieren, um meine Meinung zu vertreten. Diskutieren. Schrecklich, wenn man stottert!

Unsere Lehrerin teilt die Klasse also in Gruppen ein und es kommt noch schlimmer: Sie teilt mich in die Gruppe mit dem hübschesten Mädchen aus unserer Klasse ein, ich nenne sie Anna, in das ich heimlich verliebt bin, sowie einem Mitschüler, ich nenne ihn Michael, der immer zu viel und zu laut redet, aber dabei nur wenig zu sagen hat. „Na, das kann ja was werden!“, murmele ich leise vor mich hin, während ich meinen Stuhl nehme und zur Gruppe trage. „Komm, Flo, ich habe gerade schon die Gruppeneinteilung gemacht – du kannst schon mal unsere Buntstifte spitzen für das Plakat, das wir für die Präsentation über den Wasserkreislauf vorbereiten wollen, und darfst dann auch das Plakat halten, wenn ich dann morgen unsere Präsentation vortrage!“, ruft mir Michael entgegen. Er hat sich direkt neben Anna gesetzt. Meine Laune wird schlechter. Ich lasse es über mich ergehen. Zu groß ist die Unsicherheit, zu widersprechen und mich mit meinem Stottern vor meinem Schwarm lächerlich zu machen.

Nach der Schule stapfe ich schlecht gelaunt nach Hause, gehe auf direktem Weg in mein Zimmer und ertränke meinen Frust in Erdbeermilch und Comics. Beim Abendessen fällt meinem Papa auf, dass ich mit meiner Gabel lustlos und frustriert im Kartoffelbrei herumstochere. Als ich nach dem Abendessen wieder schnurstracks in mein Zimmer gehe und gerade die Tür hinter mir schließen möchte, höre ich meinen Papa, der mir eilig gefolgt ist: „Warte, ich will mit dir reden!“ Darauf habe ich eigentlich keine Lust, denn der nächste Comic, der die Gedanken an den heutigen demütigenden Tag sowie den ätzenden kommenden Tag der Präsentation verdrängen lassen sollte, wartet schon auf meinem Kinderbett. „Kann ich bitte kurz mit dir reden? Ist irgendetwas vorgefallen?“, fragt mich mein Papa mit sorgsamer Stimme. „Na gut“, antworte ich.

Wir setzen uns gemeinsam auf die Kante meines Kinderbetts und ich erzähle ihm, was in der Schule vorgefallen ist. Mein Papa legt seinen Arm um meine Schultern und gibt mir einen Rat, der mein Stottern und auch meine Sicht auf das Leben grundsätzlich verändern sollte: „Du bist ein schlauer Junge. Ein intelligenter Junge. Jemand, der etwas zu sagen hat. Jemand, dem man zuhören sollte. Wenn du dein Leben lang schweigst, aus Angst, etwas falsch zu machen, hast du bereits etwas falsch gemacht. Wenn schlaue Menschen immer wieder nachgeben, regieren irgendwann die Dummen diese Welt. Du musst dich deinen Fehlern stellen und sie begehen. Du musst an ihnen wachsen. Das Leben wie ein Spiel nehmen. Niemand weiß, warum wir auf diesem Planeten sind oder was der Sinn des Lebens ist. Doch wenn alles nur ein Spiel ist – warum gibst du dich mit weniger als dem Highscore zufrieden? Werde der Held deiner Geschichte und kämpfe dich frei von den Dingen, die dich nach unten ziehen. Gehe mutig voran und strebe nach deinem persönlichen Glück!“ Ich schaue zu meinem Papa auf und umarme ihn fest. Am kommenden Tag habe ich zwar noch nicht genug Mut, um Anna meine Liebe zu gestehen, aber ausreichend Mut, um selbstbewusst einen Teil der Präsentation zu halten und dabei kaum zu stottern. Der erste Schritt in Richtung Highscore ist getan.

KAPITEL 5

PLUVIOPHIL

Der Regen prasselt gegen die Scheibe meines Kinderzimmers. Ein beruhigendes Geräusch. Ich mag es. Ich genieße es. Ich mochte den Regen schon immer. Regen entspannt. Regen erfüllt die Luft mit einer kühlen Frische. Regen belebt die Natur. Regen belebt den Menschen. Menschen, die Regen mögen, sind pluviophil. Doch nur die wenigsten Menschen mögen den Regen. Im Gegenteil – die meisten Menschen hätten sogar am liebsten 365 Tage im Jahr Sonne und reagieren betrübt auf die Wettervorhersage, wenn diese einen Regentag prognostiziert. Doch warum ist das so? In der Regel sind Menschen gerne unter Menschen. Draußen. Ablenkung vom Alltag suchen. Sonnenlicht kurbelt beim Menschen die Produktion des Hormons Serotonin an – das Hormon, das uns glücklich macht. Verständlich also, dass der Mensch die Sonne dem Regen vorzieht.

Nun ist es aber so, dass – vor allem in Deutschland – nicht jeden Tag die Sonne scheint. Die Stadt Halle an der Saale hält beispielsweise seit dem Jahr 2004 den Rekord für die Stadt in Deutschland mit den meisten Regentagen in einem Jahr: unglaubliche 266 Tage, an denen es Niederschlag gab! Waren deshalb alle Einwohner von Halle an der Saale in diesem Jahr weniger glücklich als in einem Jahr mit weniger Regen? Vermutlich. Aber es wird auch ein paar wenige gegeben haben, die sich durch den Regen ähnlich glücklich gefühlt haben, wie ich an diesem regnerischen Tag, als ich in meinem Kinderzimmer dem Regen lausche.

Mein Papa geht an meinem Kinderzimmer vorbei und bemerkt, wie ich vor meinem Fenster sitze und gespannt den Regentropfen zuschaue, wie sie sich an der Fensterscheibe ein Wettrennen beim Hinabfließen liefern. „Na, wer gewinnt?“, fragt er mich neugierig. Ich muss lachen. „Wollen wir eine kleine Runde im Regen spazieren gehen? Ich war gerade kurz im Garten und die Luft ist einfach herrlich draußen!“, schwärmt er. Ich springe von meinem Bett auf und nicke zustimmend.

Draußen spazieren wir durch einen kleinen Park, der ganz in der Nähe unseres Hauses liegt. Ich atme tief ein und rieche den unvergleichlichen Duft nasser Erde. Ich lächle. Auch mein Papa genießt den Regen.

Als wir uns gerade wieder auf den Rückweg machen wollen, kommt uns eine Frau entgegen. Sie scheint vom Regen alles andere als angetan zu sein. Missmutig stampft sie schnellen Schrittes den Weg entlang. Schnaubend und mit ernstem Blick. Sie ist sichtlich genervt. Als die Frau an uns vorbeigestapft ist, schaue ich meinen Papa an und frage ihn: „Papa, warum mögen so viele Menschen den Regen nicht? Wie kann es sein, dass wir extra nach draußen gehen wegen des Regens und gleichzeitig diese Frau vom Regen so genervt ist?" Mein Papa muss lachen und versucht es mir zu erklären: „Weißt du, nicht jeder Mensch ist gleich. Und wir wissen auch nicht, was diese Frau heute schon so erlebt hat und ob der Regen vielleicht gar nicht der eigentliche Grund für ihre schlechte Laune ist. Aber du hast recht, viele Menschen mögen den Regen nicht. Dabei gibt es eigentlich gar keinen Grund, wegen des Regens schlecht gelaunt zu sein. Ein berühmter bayerischer Komiker, Karl Valentin, hat das einmal ganz gut ausgedrückt, denn er sagte, dass er sich freue, wenn es regnet – denn wenn er sich nicht freue, würde es dennoch regnen. Du siehst also, dass es gewisse Dinge im Leben gibt, die einfach passieren. Die kannst du nicht beeinflussen. Wie zum Beispiel den Regen. So viele Menschen machen ihre Laune von äußeren Einflüssen, wie beispielsweise dem Wetter, abhängig und verschenken dadurch die Chance, einen tollen Tag zu erleben."

Ich verstehe den Vergleich und nicke. Mein Papa erzählt weiter: „Der Regen zum Beispiel ist nicht nur einfach Regen. Er ist ein Gefühl auf der Haut. Ein Duft in der Nase. Ein Wunder für die Natur. Werde niemals so ein abgestumpfter Mensch, der sein Leben lebt, aber nicht erlebt. Nutze alle Sinne. Spüre das Leben. Oder wie es der berühmte jamaikanische Musiker Bob Marley bereits einmal so treffend formulierte:

„Manche Menschen können den Regen spüren.
Andere werden nur nass."

KAPITEL 6

DIE MÜNZEN UND DAS SAMURAISCHWERT

„Happy Birthday to you! Marmelade im Schuh! Aprikose in der Hose! Happy Birthday to you!“, höre ich meine Freunde lauthals singen, als ich gedankenversunken auf die flackernden Kerzen meines Geburtstagskuchens blicke. Es ist mein neunter Geburtstag und meine Eltern haben unser Wohnzimmer mit Girlanden, Luftschlangen und Konfetti für meine Freunde und mich dekoriert. „Irgendwie geht mir das zu schnell!“, denke ich mir. Von Geburtstag zu Geburtstag fühle ich mehr Verantwortung auf mir lasten. In der Schule. Bei Freundschaften. Im Alltag. Ich bin gerne ein Kind.

Meine Mama betritt das Wohnzimmer und ruft freudig in die Runde: „Es ist Zeit für Geschenke!“ Alle meine Freunde jubeln und auch ich schaue neugierig und voller Vorfreude zu meiner Mama, die mit drei kleinen, liebevoll verpackten Geschenkboxen auf mich zukommt. „Alles Gute zum Geburtstag, mein Schatz!“, beglückwünscht sie mich und legt die Geschenke vor mich auf den Tisch. Ich bin aufgeregt. „Was wird es wohl sein?“, denke ich mir nervös. Die *Garnisonskirche*? *Walther von der Vogelweide*? Oder vielleicht sogar das *Germanische Museum*?, überlege ich hin und her.

•••

Falls du dich jetzt wundern solltest, was all diese Begriffe bedeuten sollen bzw. wie sie im Zusammenhang mit dem Geburtstag eines Neunjährigen stehen können – hier die Antwort: Es sind berühmte und seltene Sammlermünzen, die teilweise schon über hundert Jahre alt sind. Eine Münze wie das *Germanische Museum*, kann gut und gerne mal mehrere Hundert Euro kosten, wobei es natürlich auch noch wesentlich teurere Münzen gibt. Doch wieso erzähle ich dir das alles? Weil ich schon in früher Kindheit „Numismatiker“ war. Numis-was? Ich kann mir vorstellen, dass die wenigsten Menschen etwas mit dem Begriff „Numismatik“ anfangen können, daher versuche ich es einmal kurz und knapp zu erklären: Numismatiker sind Menschen, die Münzen sammeln und sich für die Geschichte von Münzen interessieren – und ich war einer von ihnen. Als ich noch in den Kindergarten ging, hat mir mein Papa einmal einen Holzbecher voller Münzen geschenkt. Alles Münzen aus fremden, exotischen Ländern, die er in seinem Leben bereist hatte. Ich betrachtete damals jede einzelne Münze mit großer Neugier. Auf der einen war ein Dromedar abgebildet – Peru. Auf einer anderen eine junge Frau mit Krone – Großbritannien. Ich war fasziniert!

Seit diesem Tag habe ich mich oft mit Münzen beschäftigt, eine Leidenschaft dafür entwickelt und es zu einem intensiven Hobby gemacht. An Wochenenden ging ich häufig mit meinen Eltern und meinem Bruder auf Flohmärkte, wo ich immer auf der Suche nach neuen Münzen für meine Sammlung war. So wuchsen meine Münzsammlung und mein Wissen über Münzen von Jahr zu Jahr immer weiter an, und ich wollte immer seltenere und somit auch teurere Münzen für meine bereits sehr umfangreiche Sammlung haben. Ich verbrachte teilweise ganze Tage damit, meine Münzen zu katalogisieren und mithilfe von Fachliteratur deren Wert zu bestimmen, und stieß ab und zu auf wahre Schätze! Es war der Wahnsinn: Münzen, die ich teilweise für ein paar Euro auf dem Flohmarkt gekauft hatte, waren laut einschlägiger Literatur auf Auktionen für mehrere Hundert Euro verkauft worden. Diese Entdeckungen lösten in mir Goldgräberstimmung aus! Fast jeden Cent meines Taschengeldes investierte ich in neue Sammlermünzen. Meine Käufe auf Flohmärkten wurden immer routinierter und ich hatte die genauen Sammlerpreise für Hunderte Münzen im Kopf. So machte ich gute Geschäfte. Und auch zu Weihnachten oder meinem Geburtstag wünschte ich mir fast ausnahmslos Sammlermünzen. Eben genauso wie an jenem neunten Geburtstag, als die drei Geschenke von meiner Mama vor mir auf dem Tisch standen.

•••

Mit klopfendem Herzen ziehe ich das erste Geschenk näher an mich heran und öffne es hastig – fünf Reichsmark mit der Abbildung der Garnisonskirche, Wert ca. 40 Deutsche Mark. Ich lächle zufrieden. In Paket zwei und drei ebenfalls Sammlermünzen, die ich mir gewünscht habe. Ein Grinsen breitet sich auf meinem Gesicht aus und ich umarme meine Mama herzlich. Meine Freunde, die das Auspacken der Geschenke gespannt mitverfolgt hatten, blicken sich ratlos an und einer fragt: „Was willst du denn mit den Münzen? Ich habe einen *Gameboy* zu meinem Geburtstag bekommen, der ist viel cooler als diese langweiligen Münzen."

●●●

Ich war in der Tat der Einzige in meinem Alter, der diese Begeisterung für Münzen hatte. Klar, spielte ich auch gerne bis spät in die Nacht *Gameboy* oder stundenlang bei Wind und Wetter mit meinen Freunden draußen Fußball. Aber immer, wenn ich eine Münze in der Hand hielt, die teilweise schon über hundert Jahre alt war, stellte ich mir vor, was diese Münze bereits alles erlebt haben musste, wo sie zuvor überall auf der Welt gewesen war und wie sie wohl ihren weiten Weg in meine Hände gefunden hatte. Jede Münze war ein kleines Abenteuer in meinen Händen. Meine frühe Faszination für seltene Münzen hat auch maßgeblich dazu beigetragen, dass ich heute ein erfolgreicher Investor bin und u. a. schon früh Aktien für mich entdeckt habe. Ich hatte mir damals in meiner Kindheit durch schlaue Käufe für meine Münzsammlung bereits ein kleines Vermögen aufgebaut und ein Gespür dafür entwickelt, wie man sein Geld vermehrt. Mein kleiner Bruder hatte in seiner Kindheit eine Faszination für Japan und die alten Samurai entwickelt und sich oft zu Geburtstag und Weihnachten Anime-Bücher oder dekorative Samuraischwerter gewünscht. Die Samuraischwerter, natürlich nur Nachbildungen von alten Schwertern, platzierte er stolz wie Trophäen in seinem Kinderzimmer. Heute, über 20 Jahre später, liegen die Deko-Schwerter verstaubt im Keller unseres Elternhauses. Damals relativ teuer gekauft, heute relativ wertlos. Meine Münzsammlung gibt es auch immer noch. Damals relativ günstig gekauft und über die vielen Jahre gut im Wert gestiegen. Ich bin stolz auf mein neunjähriges „Ich". Aber ich bin auch stolz auf meinen kleinen Bruder, der heute fließend Japanisch spricht.

KAPITEL 7

ZWEI TOTE VÖGEL

Im Leben vieler Eltern kommt einmal der spannende Zeitpunkt, an dem ein Kind sich ein Haustier wünscht. Sei es nun ein kleiner süßer Hamster oder ein großer herumtobender Hund. Auch bei meinem Bruder und mir entflammte relativ früh der Wunsch nach einem Haustier – mein Bruder wollte unbedingt einen Hamster haben und ich ein Frettchen. Warum ich ausgerechnet ein Frettchen haben wollte? Ich wollte etwas haben, was sonst keiner hat. Nicht durchschnittlich sein. Im Nachhinein – muss ich jetzt selbst zugeben – war es wohl von meinen Eltern eine sehr vernünftige Entscheidung, meinem Wunsch nicht nachzukommen. Dennoch schafften unsere Eltern über die Jahre unserer Kindheit wahrlich einen kleinen Zoo an Tieren an, der unsere Kindheit noch bunter und aufregender machte. Es gab (bis auf das Frettchen) fast nichts, was wir nicht hatten: Fische, Meerschweinchen, Hamster, Wüstenrennmäuse, eine Schildkröte, Eidechsen, eine Schlange und zwei Wellensittiche.

All unsere Tiere verbinde ich mit jeweils tollen Erinnerungen. Doch besonders die beiden Wellensittiche haben mir geholfen, etwas ganz Entscheidendes im Leben zu lernen. Der eine Wellensittich hatte grün-gelbe Federn und wir benannten ihn deshalb nach dem berühmten Zeichentrick-Drachen *Tabaluga*. Der andere Wellensittich hatte weiß-blaue Federn und erhielt deswegen den Namen von *Tabalugas* Feind *Arktos*, dem Schneemann. Die beiden Vögel hatten einen großen Käfig auf dem Fensterbrett unseres Wintergartens mit Blick in unseren schönen Garten.

Oft ließen wir Tabaluga und Arktos frei im Wintergarten herumfliegen und versuchten sie anschließend mit viel Spaß und Freude wieder einzufangen. Im Nachhinein bin ich meinen Eltern wirklich dankbar, dass wir so viele Tiere hatten, und ich denke, das hat meinem Bruder und mir, neben der Freude, die wir mit den Tieren hatten, auch dabei geholfen, wichtige Charaktereigenschaften zu stärken, wie beispielsweise unser Einfühlungsvermögen oder unseren Respekt vor dem Leben. Dennoch sollte man solche Themen auch immer etwas differenzierter betrachten: Natürlich helfen Tiere in der Regel einem Kind beim Ausbilden wichtiger Charaktereigenschaften – auf der anderen Seite ist es aber auch immer so, dass ein Tier aus seinem natürlichen Lebensraum entnommen und zum Beispiel in einen Käfig gezwungen wird. Das kann man also auch durchaus kritisch sehen. Und vor allem mein Papa tat dies auch.

•••

Ich erinnere mich noch gut an einen warmen Sommertag, als ich mal wieder gedankenversunken vor dem Käfig der Wellensittiche stehe und die beiden Vögel beobachte, wie sie von links nach rechts und rechts nach links durch den Käfig klettern. „An was denken die beiden wohl den ganzen Tag?“, frage ich mich. Mein Papa kommt in diesem Moment in den Wintergarten, stellt sich neben mich und fragt mich: „Denkst du, Arktos und Tabaluga fühlen sich frei?“

Ich wende meinen Blick von den Vögeln hin zu meinem Papa und versuche, seine Frage zu beantworten: „Ich denke, die beiden haben ein schönes und glückliches Leben hier bei uns. Sie können nicht von Katzen gefressen werden und müssen sich auch keine Sorgen um das Wetter machen. Ich denke, das ist auch eine Art von Freiheit.“

Mein Papa schmunzelt und korrigiert mich: „Da hast du grundsätzlich schon recht, aber das war nicht die Antwort auf meine Frage nach Freiheit. Der Käfig hier in unserem Haus ist sicherlich ein Schutz vor Katzen und schlechtem Wetter, aber jeder vermeintliche Schutz schränkt auch die Freiheit ein. Bitte werde niemals wie unsere Wellensittiche. Sie wissen nicht, was Freiheit ist, und werden es niemals erfahren, da sie in einem Käfig geboren worden sind. Sie kennen es nicht anders. Der Regisseur Alejandro Jodorowsky hatte einst einmal den tollen Vergleich hergestellt, dass ein Vogel, der in einem Käfig geboren worden ist, denken würde, dass Fliegen eine Krankheit sei. Wir Menschen werden ebenfalls in eine Gesellschaft hineingeboren, die uns einen gewissen Schutz vorspielt, indem beispielsweise der ‚sichere‘ Weg von Schule, über Studium, Bausparer bis hin zum genügsamen Arbeitnehmer, der im hohen Alter zu wenig Rente erhält, immer noch als das Ideal verkauft wird und du skeptisch und argwöhnisch von der Gesellschaft betrachtet wirst, solltest du auch nur versuchen, von diesem ‚idealen' Weg abzuweichen. Deinen eigenen Weg zu gehen – das ist Freiheit. Dinge auszuprobieren, zu scheitern, sich gegen die Katzen dieser Welt zu bewähren, dem Wetter mutig entgegenzutreten – das macht einen freien Menschen aus! Doch dafür musst du mutig sein, über den Käfigrand hinaussehen können und Dinge hinterfragen. Vermeintliche Sicherheit ist nicht gleichzusetzen mit Freiheit."

Mein Kopf raucht. So habe ich das noch nie gesehen, doch dieser Gedankenanstoß sollte mein Leben stark prägen. Tabaluga und Arktos starben einige Wochen später an einem Herzinfarkt, als eine Katze an der Fensterscheibe hinter dem Käfig auftauchte und sie zu Tode erschreckte.

KAPITEL 8

DER RICHTIGE PLATZ

„Jetzt wird es ernst!“, ermahnt mich meine Mutter am Küchentisch, als ich gerade hastig mein Müsli herunterschlinge – immer mit einem Auge auf unserer Küchenuhr. Es ist der erste Schultag nach den Sommerferien und ich werde endlich auf das Gymnasium gehen. Ich bin spät dran. Meine Gedanken kreisen um viele Themen: „Werde ich neue Freunde finden? Werde ich dem Schuldruck gewachsen sein? Wie werden die neuen Lehrer sein?“

Als ich mein Müsli aufgegessen habe, springe ich auf, schnappe mir meinen Schulranzen und gehe hastig zur Haustür. „Hast du nicht etwas vergessen, mein Schatz?“, ruft mir meine Mutter vorwurfsvoll aus der Küche hinterher. Ich rolle mit den Augen und gehe in die Küche zurück, in der meine Mutter bereits mit ausgebreiteten Armen auf mich wartet. „Hab einen wundervollen Start in dein neues Schulleben auf dem Gymnasium! Ich bin wahnsinnig stolz auf meinen großen Jungen und bin schon gespannt, was du mir heute Abend von deinem Schultag erzählen wirst“, flüstert mir meine Mutter ins Ohr, während sie mich liebevoll umarmt. „Ja, Mama, mache ich. Hab’ dich lieb, aber ich muss jetzt los, sonst komme ich an meinem ersten Tag schon zu spät und ich will doch meinen Platz sichern!“, erkläre ich meiner Mutter, während ich mich aus ihrem mütterlichen Klammergriff befreie.

Rauf aufs Fahrrad, im Eiltempo Richtung Schule – angekommen. Mein Herz pocht, als ich den Schulhof betrete. Nicht nur wegen der sportlichen Höchstleistung, die ich gerade auf meinem Fahrrad hingelegt habe, sondern auch wegen meiner Nervosität bezüglich der neuen Schule. Am Schwarzen Brett in der Eingangshalle der Schule hängen die Listen mit den neuen Schulklassen und der jeweiligen Zuteilung der Klassenräume aus. „Klasse 5b, Raum 106“, flüstere ich, als ich die Liste am Schwarzen Brett lese. Ich beeile mich und suche schnell mein Klassenzimmer. Jetzt kommt es darauf an. Die erste taktische Entscheidung, die ich selbst beeinflussen kann, um mir einen Vorteil zu verschaffen, denke ich fest entschlossen.

Du wunderst dich vermutlich, was ich genau vorhatte? Ich werde es dir gleich erklären. Am Klassenzimmer angekommen, stelle ich mich direkt vor die noch verschlossene Tür. Die Tür öffnet nach links, also platziere ich mich rechts von der Tür. Es warten bereits auch schon einige Mitschüler mit mir vor dem Klassenzimmer – doch die einen sitzen entspannt am Boden, andere lehnen noch etwas müde an der Wand gegenüber des Klassenzimmers und eine Gruppe Mädchen steht im Kreis etwas abseits der Tür und kichern vor sich hin. Haben die alle keine Taktik?, frage ich mich verblüfft.

Da kommt auch schon der Lehrer. Ein älterer Herr, kurze graue Haare, beiger Pullunder und eine braune Aktentasche, die offensichtlich schon ihre besten Jahre hinter sich hatte. „Guten Morgen, Kinder!", begrüßt uns unser Lehrer freundlich, während er die Tür zum Klassenzimmer aufschließt. Mein Herz pocht. „Und los!", murmele ich entschlossen und folge dem Lehrer als erster Schüler ins Klassenzimmer. Schnell verschaffe ich mir einen Überblick über die Stühle und Bänke und deren Anordnung im Klassenzimmer. Die letzten Reihen sowie die äußeren Tische sind ohnehin für mich uninteressant. Erste Reihe, Mitte rechts. Perfekt! Als befände ich mich im Spiel Reise nach Jerusalem und jemand hätte gerade schlagartig die Musik ausgemacht, setze ich mich schnell auf meinen Wunschplatz, stelle meinen Schulranzen neben mich am Boden ab und schnaufe etwas erleichtert und mit einem Lächeln auf den Lippen durch. „Geschafft!", stelle ich zufrieden fest, während sich das Klassenzimmer langsam mit meinen Mitschülern füllt.

•••

Du fragst dich nun vermutlich, warum mir dieser spezielle Platz im Klassenzimmer so wichtig war? Lass es mich dir gerne erklären: Was sagt man über Schüler in der letzten Reihe? Richtig, da sitzen in der Regel nur die Faulen. Und in der ersten Reihe? Korrekt, die Reihe der „Streber". Ist das wissenschaftlich bewiesen? Nein. Macht es dennoch einen Unterschied, wo man sitzt? Definitiv! Hierfür gibt es eine Reihe von Gründen. Zum einen ist es eine Art „self-fulfilling prophecy", also eine sich selbst erfüllende Prophezeiung, dass durch diese Annahme, die erste Reihe sei für Streber, dort niemals ein vermeintlich fauler Mensch sitzen möchte. Viel zu uncool und zu anstrengend. Die letzte Reihe zieht aber genau deshalb auch eher keine ambitionierten Menschen an. So entsteht eine unbewusste, natürliche Verteilung. Und diese natürliche Verteilung kennt auch der Lehrer aus seiner eigenen Schulzeit sowie aus seinen vielen Jahren Erfahrung in seiner Lehrerlaufbahn. Somit wirst du als Schüler, der in der ersten Reihe sitzt – noch bevor du dein erstes Wort in diesem Klassenzimmer sagst – kognitiv vom Lehrer positiver wahrgenommen als ein Schüler aus der letzten Reihe. Natürlich ist das nicht ausschlaggebend für deine Schulnoten, aber es beeinflusst deinen ersten Eindruck beim Lehrer und ob du das nun fair findest oder nicht, aber der erste Eindruck zählt! Selbstverständlich wird sich ein guter Schüler auch in der letzten Reihe durchsetzen und gute Noten erhalten, genauso wie ein fauler Schüler auch in der ersten Reihe eher keine guten Noten erhalten wird.

Warum also der ganze Stress mit dieser Taktik? Ganz einfach: Weil es hierbei – wie überall im Leben – darum geht, die Dinge, die man selbst beeinflussen kann, taktisch positiv für sich zu gestalten und sich dadurch Vorteile zu erarbeiten. Diese Vorteile könnte auch jeder andere haben, doch die wenigsten Menschen leben bewusst und reflektiert genug, um sie zu erkennen, oder sind schlichtweg nicht ehrgeizig oder engagiert genug, um so zu handeln. Meine Schulnoten waren – bis auf Mathematik und Physik – immer sehr gut und ich wurde bei subjektiv etwa gleicher mündlicher Leistung im Unterricht meist besser bewertet als meine Mitschüler, die nicht bewusst handelten, um einen positiven Eindruck zu hinterlassen. War ich deswegen ein Streber? Vielleicht. Hat mich diese taktische, bewusste und reflektierte Lebensweise in meinem Privatleben sowie in meiner Karriere positiv vorangebracht? Definitiv! Es sind meist die kleinen Dinge im Leben, die große Dinge bewirken. Und jetzt mal ehrlich: Willst du ein Leben wie die Masse? Dann leb wie die Masse. Lebe gedankenlos und folge der Gruppe. Doch willst du ein Leben, das heraussticht aus der Masse, dann musst du anders handeln als die Masse! Es fängt bei dir an und den Dingen, die du selbst beeinflussen kannst. So kann insbesondere ein guter erster Eindruck am ersten

Schultag zu etwas besseren Noten führen, die wiederum deine Abschlussnote besser machen, was dich dann eventuell für deinen gewünschten Studiengang qualifiziert, mit dem du deinen Traumberuf bekommst. Wow! Versuche also gerne einmal die nächsten Tage etwas bewusster zu leben. Taktisch. Zielorientiert. Engagierter als deine Mitmenschen. Sei zur richtigen Zeit am richtigen Ort. Die Zeit kannst du oft nicht beeinflussen. Den Ort allerdings oft schon – und wenn es nur der richtige Platz in einem Klassenzimmer ist.

KAPITEL 9

FOKUS

Während ich gerade diese Zeilen schreibe, sitze ich an einem Freitagnachmittag in einem überfüllten Foodcourt in der Dubai Mall. Foodcourts zeichnen sich dadurch aus, dass sie meist in großen Einkaufszentren gelegen sind und quasi zentrale Sitzbereiche mit Tischen und Stühlen darstellen, in denen jeder Besucher sich mit seinen Speisen und Getränken hinsetzen kann, die er bei einem der vielen Fastfood-Läden in der Mall gekauft hat. Das Besondere an den Foodcourts in der Dubai Mall: Die Dubai Mall ist die größte Mall der Welt und somit sind auch die Foodcourts dort besonders groß und umfassen teilweise Hunderte von Tischen, an denen überwiegend Touristen aus allen Teilen der Welt sitzen. Viele Menschen meiden diese Foodcourts bewusst, da hier stets eine sehr laute Geräuschkulisse herrscht, wild durcheinandergeredet wird, Stühle und Tische ohne Rücksicht quietschend umhergeschoben werden und man auch des Öfteren – bewusst oder unbewusst – von seinen Mitmenschen aufgrund der Menschenmengen angerempelt wird. Klingt nicht unbedingt nach einem angenehmen Ort, oder? Und schon gar nicht nach einem Ort, an dem man sich kreativ entfalten und auf das Schreiben eines Buches konzentrieren könnte, oder? Doch warum habe ich mir ausgerechnet diesen Ort ausgesucht, um mein Buch weiterzuschreiben? Das will ich dir gerne verraten.

„Where focus goes – energy flows" (auf Deutsch: „Worauf dein Fokus liegt, dort wird auch deine Energie hinfließen") – das ist ein berühmtes Zitat von Tony Robbins, einem Motivationstrainer aus den USA, mit dem er absolut recht hat. Seinen Geist komplett auf eine Sache fokussieren zu können, ist eine absolute Superkraft, welche aber leider die wenigsten Menschen heutzutage beherrschen. Viele Menschen würden von sich behaupten, dass sie sich konzentrieren und auf eine Sache fokussieren können, doch würden daran verzweifeln, sich in dieser Situation, in der ich gerade diese Zeilen schreibe, länger als eine Minute nicht ablenken zu lassen. Würdest du es schaffen? Sei bitte ehrlich zu dir selbst. Es ist auch nicht schlimm, wenn du eine Person bist, die sich leicht ablenken lässt. Das ist in der heutigen Zeit mit Smartphones, die alle paar Sekunden klingeln oder vibrieren, auch gar nicht mehr so einfach.

Doch Fokus ist unfassbar wichtig. Und nein, jetzt kommt kein 08/15-Vortrag darüber, dass das alles nur Mindset-Sache ist und du dein Leben um 180 Grad ändern kannst, nur weil du dir antrainierst, fokussiert zu sein. Fokus ist etwas, was dich von 99 % deiner Mitmenschen abheben kann. Dir Vorteile im Leben verschafft. Dich erfolgreicher macht. Doch niemand wird mit Fokus geboren – wir müssen uns Fokus aneignen und vor allem Fokus trainieren. Genau aus diesem Grund sitze ich in einem überfüllten Foodcourt, höre links von mir eine indische Familie ohne Punkt und Komma über die unterschiedliche Größe des *McChicken*-Burgers in Dubai und in Indien reden, rechts von mir werde ich von einem russischen Ehepaar leicht angerempelt, das völlig entnervt seit einigen Minuten einen freien Sitzplatz im wilden Gedränge sucht, und schreibe dennoch entspannt an meinem Buch. Ich trainiere aktiv, fokussiert zu sein. Und es klappt.

Fokus hat mich schon immer sehr weit gebracht im Leben und mir einen Vorteil meinen Mitmenschen gegenüber verschafft. Angefangen hat es beim Ausmalen der ersten Mandalas im Kindergarten, was ich stets fokussiert und besonders kreativ gemacht habe, ohne über die Linien zu zeichnen – dafür gab es oft als Belohnung einen Extra-Nachtisch beim Mittagessen. Aber vor allem in der Schule habe ich gemerkt, dass Fokus mich erfolgreicher werden lässt. Denke gerne mal an deine Schulzeit zurück. Denke an eine Prüfungssituation. Eine Prüfung, die vielleicht über deine Gesamtnote im Zeugnis entscheidet. Panik. Wie war es bei dir und deinen Mitschülern in den letzten fünf bis zehn Minuten, bevor die Prüfung begonnen hat? Richtig – als bestünde die Klasse aus lauter Gänsen, die sich gegenseitig nervös machen und schnattern. „Meinst du, Thema XY wird abgefragt? Hast du XY gelernt? Ich bin so aufgeregt. Hoffentlich wird die Prüfung nicht so schwer", sind die typischen Sätze, die sich meine und wahrscheinlich auch deine Mitschüler in diesen Situationen an die Köpfe werfen. Es gibt aber auch noch die etwas entspanntere Fraktion von Schülern, die auf die letzte Minute in das Klassenzimmer kommen und dann noch kurz am Handy Nachrichten schreiben. Beide Sorten von Menschen haben meist schlechtere Noten geschrieben als ich. Warum? Nicht unbedingt, weil ich viel intelligenter war als sie und auch nicht, weil ich wenig bis gar keine Prüfungsangst hatte, sondern weil ich fokussiert war. Echter Fokus. Es fing immer damit an, dass ich frühzeitig im Klassenzimmer war. Meine Stifte waren gut organisiert und schnell ausgepackt und mein Tisch somit vorbereitet. Ich hatte immer kleine Merkzettel, mit den wichtigsten Themen für die Prüfung, die ich dann vor mich auf den Tisch gelegt habe und noch einmal durchgegangen bin, bis die Prüfung begann. Natürlich versuchten meine Mitschüler, auch mich in ihre nervösen Gespräche zu verwickeln – doch so kurz vor wichtigen Prüfungen war ich knallhart und es gab keine Reaktion von mir. Voller Fokus. Eine Prüfung fängt nicht mit dem „Startschuss“ des Prüfers an, sondern bereits mindestens zehn Minuten vorher in deinem Kopf. Atem beruhigen. Das Wichtigste noch mal durchgehen. Bereit für den „Startschuss“ sein. Funktionieren.

Was soll ich sagen – das hatte sowohl in der Schule und der Uni als auch in allen anderen wichtigen Situationen in meinem Leben bisher sehr gut funktioniert und mich weit gebracht. Einen wirklichen Fokus zu entwickeln, kann auch überlebenswichtig sein. Man siehe nur mal die ganzen Actionfilme aus Hollywood, in denen ein Held in wenigen Sekunden den richtigen Draht einer Bombe zerschneiden muss, um sie zu entschärfen, während um ihn herum geschossen und geschrien wird. Boom – voller Fokus. Und wo wir schon gerade gedanklich in Hollywood sind, möchte ich noch eine weitere Ebene von Fokus aufgreifen, die der bekannte Drehbuchautor George Lucas einmal schön formulierte: „Dein Fokus bestimmt deine Realität“. Fokus ist also nichts, was nur im Kleinen passiert, nichts, was nur temporär andauern sollte, wie bei einer Prüfung. Fokus sollte dein Lebensmotto werden.

Ich habe mich beispielsweise seit meiner Kindheit darauf fokussiert, mir ein erfülltes, eigenständiges Leben aufzubauen. Erfüllung und Eigenständigkeit sind für mich persönlich ausschließlich erreichbar, indem ich keinen Chef habe und genügend Geld, um stressfrei und ohne Grenzen mein Leben zu leben und die Welt zu entdecken. Ich hatte also seit meiner Kindheit meinen Fokus auf dieses Ziel. So gut wie jede wichtige Entscheidung in meinem Leben habe ich unter Berücksichtigung dieses Fokus getroffen.

Du merkst also langsam, warum mir Fokus so wichtig ist und ich diesem kurzen und so simpel erscheinenden Wort ein ganzes Kapitel in diesem Buch widme. Die meisten Menschen würden von sich behaupten, sich fokussieren zu können, doch können es nicht wirklich. Die meisten Menschen verbinden Fokus mit Situationen, nicht mit ihrem gesamten Leben. Fokussiere dich nicht auf andere Menschen. Fokussiere dich auf dich selbst und trainiere echten Fokus. Zeit, meinen Laptop wieder zuzuklappen. Die indische Familie neben mir hat mir durch ihre weiterhin anhaltende Diskussion über die Unterschiede des *McChicken*s in Indien und in Dubai jetzt Appetit auf einen Burger gemacht. Das muss ich bei aller Disziplin zugeben: Mein Fokus hört da auf, wo mein Appetit beginnt.

KAPITEL 10

EIN CONTAINER VOLLER GELD

„Endlich wieder Sommerferien!“, denke ich voller Vorfreude, als ich hastig und mit einem breiten Grinsen auf meinem Fahrrad Richtung Zuhause fahre. Die Sonne strahlt am Himmel und ich spüre den Wind, die Wärme und die Freiheit auf meiner Haut. Zu Hause angekommen, warten mein Bruder und unsere Mutter bereits auf mich. „Seid ihr abfahrbereit?“, fragt uns unsere Mutter mit heiterer Stimme. Wir nicken und hüpfen aufgeregt um sie herum. Schnell ab ins Auto und los geht die Fahrt. So wie immer in den Sommerferien machen wir uns auf den Weg in die hessische Heimat meiner Mutter: Kassel. Dort wohnen ihre Eltern, unsere Großeltern, auf die wir uns immer sehr freuen.

Meine Oma ist eine sehr herzliche und liebevolle Frau, die vor allem uns Kindern immer jeden Wunsch erfüllt und uns mit Liebe umsorgt. Unser Opa ist ebenfalls ein herzensguter Mensch, hat aber einen sehr markanten Charakter. Sein Leben lang hat er sich als selbstständiger Handelsvertreter durchgekämpft und seiner Familie mit seinen eigenen Händen nach dem Krieg ein großes, schönes Haus mit Garten gebaut. Wir Kinder haben großen Respekt vor ihm und hören immer gerne seinen Geschichten zu, die er am liebsten im Wohnzimmer bei einer Kanne Apfeltee mit uns teilt.

Und so ist es auch an diesem Tag, als wir in Kassel bei unseren Großeltern ankommen und uns wenig später um eine Kanne warmen Apfeltee im Wohnzimmer versammeln. „Flo, du bist ja jetzt schon ein großer Junge! Weißt du mittlerweile schon, was du einmal werden willst?“, fragt mich mein Opa mit ernster Stimme. Ich schaue verdutzt, komme ins Grübeln und antworte dann voller Überzeugung: „Archäologe in Ägypten – ganz klar!“ Mein Opa schmunzelt und erwidert: „Das ist bestimmt ein tolles Abenteuer und wird dir eine Menge Spaß machen! Doch was meinst du, wirst du in diesem Beruf verdienen?“

Ich überlege und zucke nach kurzer Zeit ahnungslos mit den Schultern. Mein Opa zögert und fängt an zu erzählen: „Weißt du, Junge, ich finde es toll, dass du schon genau weißt, was du werden möchtest und dir auch solch einen aufregenden Beruf ausgesucht hast. Als ich so alt war wie du jetzt, wusste ich noch nicht, was ich einmal werden möchte. Das hast du mir voraus in deinem Alter. Doch neben all der Passion für eine Sache, solltest du dich nicht nur in Träumereien verlieren. Bedenke stets, dass du in deinem Leben auch etwas erreichen solltest. Damit meine ich nicht, dass du deinen Traum aufgeben solltest, ein Archäologe in Ägypten zu werden. Ich meine damit viel eher, dass du dir auch stets Gedanken um Geld machen solltest. Du möchtest doch sicherlich einmal eine Familie gründen. Ein Haus bauen. Die Welt bereisen. Sorgenfrei sein. Oder etwa nicht?"

Ich nicke und er fährt fort: „Na siehst du. Und so sehr ich dir wünsche, dass du deine Passion findest und in deinem Beruf aufgehen wirst, hoffe ich mindestens genauso stark, dass du dir eine finanziell starke Zukunft aufbauen wirst. Als ich damals als junger Mann ins Berufsleben gestartet bin, waren die Umstände keine leichten. Ich musste hart ackern, um mir mein Leben zu finanzieren. Als ich damals dann deine Oma kennengelernt und mit ihr recht schnell Kinder bekommen habe, war es umso wichtiger, Geld zu verdienen. Es war kein Platz für Träumereien. Und so arbeitete ich hart und begann auch früh, mein Geld zu investieren. Du sollst das Leben genießen - aber glaube mir - es ist einfacher zu genießen, wenn du keine finanziellen Sorgen hast." Ich nicke erneut.

In diesem Moment kommt meine Oma ins Wohnzimmer geschlendert und hat Brotzeitbrettchen mit Marmeladenbroten dabei, die sie voller Freude meinem Bruder und mir reicht und dazu mit fröhlicher Stimme sagt: „Die Zukunft kann kurz warten! Jetzt gibt es erstmal leckere Brötchen. Möchtet ihr denn auch noch etwas trinken? Noch etwas Tee? Ein Wasser? Oder eine Cola?" Mein Opa seufzt. Meine Oma schaut mit neckischem Blick zu ihm, zwinkert ihm zu und rät ihm: „Wenn du deinen Enkeln schon so staubige Themen wie Geld und Investieren näherbringen willst, dann erzähle ihnen doch zum Beispiel von deinen Containern. Konkrete Beispiele, mit denen sie etwas anfangen können."

Ich schaue neugierig meinen Opa an und sehe, wie begeistert er von diesem Vorschlag seiner Frau ist, und motiviert zu einer neuen Geschichte ansetzt: „Die Container! Ganz richtig! Danke, meine Liebe! Jungs, hört zu! Habt ihr schon einmal von Containerschiffen gehört? Ihr werdet es nicht glauben – aber eurem Opa gehören ein Dutzend Seecontainer, die jetzt in diesem Moment auf den Weltmeeren herumschippern. Ja, richtig gehört!" Mein Bruder und ich schauen uns mit großen Augen an und wollen erfahren, was es mit diesen Containern auf sich hat und wieso unser Opa aus der kleinen Stadt Kassel so viele Container auf den Weltmeeren herumschippern hat.

Unser Opa fährt fort: „Ich habe euch ja erzählt, dass ich mein Geld investiere. Denn es ist immer besser, wenn dein Geld für dich arbeitet, anstatt du selbst. Aktien traue ich nicht. Immobilien sind gut und solide und ich bin stolz auf mein großes Haus hier, welches ich mit meinen eigenen Händen und viel Fleiß vor vielen Jahren gebaut habe. Aber neben dem Haus habe ich immer nach weiteren Möglichkeiten gesucht, um mein Geld für mich arbeiten zu lassen, und bin eines Tages auf Container gestoßen. Dabei handelt es sich um Frachtcontainer, die auf den großen Containerschiffen der Welt über die Meere fahren und oft prall gefüllt sind mit Waren, die von einem Land ins nächste verschifft werden. Diese Container habe ich gekauft und erhalte nun regelmäßig eine Art Miete auf meine Investition, wenn die Container von Reedereien verwendet werden. Ich verdiene also jetzt gerade Geld, während ich vor euch auf dem Sofa liege, meinen leckeren Apfeltee trinke und euch diese Geschichte erzähle."

Mein Bruder und ich sind begeistert. „Wir wollen das auch!", rufen wir aufgeregt und springen im Wohnzimmer umher. Meine Oma schmunzelt zufrieden und zwinkert meinem Opa liebevoll zu. Seit diesem Tag wollte ich nicht einfach nur mehr Archäologe in Ägypten werden, sondern habe auch angefangen, mein Taschengeld für meinen ersten eigenen Seefrachtcontainer anzusparen.

KAPITEL 11

COURAGE

Werde ich gefragt, welche Eigenschaften mich am erfolgreichsten gemacht haben – dann ist das Wort „Courage“ weit vorne mit dabei. Ich bin ein couragierter Mensch. Seitdem ich ein Kind bin. Das Wörterbuch umschreibt das Wort „couragiert“ mit „beherzt, energisch und zielstrebig, ohne Furcht vorgehend“. Doch um von der reinen Theorie wegzukommen, möchte ich dir an Beispielen aus meinem Leben aufzeigen, warum Courage so wichtig ist und jeden Menschen sowohl in der Karriere als auch im Leben generell weiterbringen wird.

•••

Werfen wir wieder einen Blick zurück in meine Schulzeit: Herbst 2003 – das sechste Schuljahr hat gerade begonnen und es ist der erste Schultag nach den Sommerferien. Ich freue mich, viele meiner Freunde wiederzusehen, die in den Ferien mit ihren Familien verreist waren, und es gibt viel zu erzählen. Den meisten meiner Mitschüler fällt es sichtlich schwer, sich bei all der Wiedersehensfreude auf den Unterricht zu konzentrieren, und unsere Lehrer müssen uns mehrmals ermahnen, unsere Gespräche über alles, was im Sommer passiert ist, bitte in die Pausen zu verlegen und doch wieder dem Unterricht zu folgen.

Dementsprechend wild und ungezügelt ist die Stimmung von meinen Mitschülern und mir in den Zwischenpausen, in denen wir für ein paar Momente ohne Lehrer sind. So auch in der kleinen Pause zwischen Mathe und Deutsch an diesem Mittag des ersten Schultages nach den Sommerferien. Einer meiner Freunde, er heißt Freddy, schnappt sich seine Brotzeitbox und rennt schnell an das andere Ende des Klassenzimmers. „Hey Flo, ich habe in den Sommerferien Football geübt – fang!“, ruft mir Freddy zu und wirft die Brotzeitbox in hohem Bogen über unsere Klassenkameraden hinweg in meine Richtung. Ich fange die Brotzeitbox sicher und lege sie wieder auf den Tisch vor mir ab. Freddy ist enttäuscht, dass ich nicht zurückwerfe, und schnappt sich ein Hausaufgabenheft einer Mitschülerin, die dafür bekannt ist, wenig Spaß zu verstehen. „Aufgepasst, Flo! Brotzeitboxen fangen kann ja jeder – versuch mal das hier!“, ruft Freddy mit motivierter

Stimme und schmeißt das Hausaufgabenheft in meine Richtung. Leider hat Freddy diesmal nicht so gut gezielt wie zuvor mit der Brotzeitbox und das Hausaufgabenheft landet am Hinterkopf eines Mitschülers. Dieser dreht sich erbost um und schmeißt einen halb angebissenen Apfel in die Richtung von Freddy, der sich schnell wegduckt.

Es beginnt eine Wurfschlacht mit allen Gegenständen, die das Klassenzimmer zu bieten hat. So gut wie jeder aus der Klasse ist daran beteiligt, ich eingeschlossen. Lediglich ein paar vernünftige Mädchen verfolgen das Spektakel passiv und augenrollend aus der hinteren Ecke des Klassenzimmers. Es fliegen Federmäppchen, Pausenbrote, Stifte, Obst, Kreide und vieles mehr – bis plötzlich ein Schrei ertönt. Eine Mitschülerin wurde von einem Federmäppchen am Kopf getroffen und beginnt umgehend laut zu weinen. Sie muss von ihren Freundinnen getröstet werden. Sie hat keine ersichtliche Wunde oder Ähnliches erlitten, aber steht wohl unter Schock.

Genau in diesem Moment betritt auch unser Deutschlehrer das Klassenzimmer. Er versucht, sich einen Überblick darüber zu verschaffen, was geschehen ist, und schickt die weinende Mitschülerin ins Sekretariat, um sich dort untersuchen zu lassen. „Kann man euch denn nicht einmal für ein paar Minuten alleine lassen?“, schimpft er mit vorwurfsvoller Stimme. Wir erklären ihm, was vorgefallen ist. In der Zwischenzeit ist auch die weinende Mitschülerin wieder ins Klassenzimmer zurückgekommen – samt Schuldirektor im Schlepptau. Unser Schuldirektor ist ein sehr strenger Mann, etwa Ende 50, immer im Anzug unterwegs und für sein hartes Durchgreifen bekannt. Mit ernstem Blick schaut der Direktor in unsere Gesichter und fragt mit angespannter Stimme: „Wer hat geworfen?“ Niemand meldet sich. Man kann die Anspannung in der Klasse fühlen. Jeder hatte geworfen. Doch niemand will es nun zugeben.

Ich hebe meine Hand. Blitzschnell fokussiert mich der Direktor mit zusammengekniffenen Augen und fällt ein Urteil: „Das gibt einen Verweis!“ Meine Mitschüler schauen mich entgeistert an. Ich senke meine Hand wieder und muss schwer schlucken. Der

Direktor lässt sich von unserem Lehrer meinen Namen geben und verlässt das Klassenzimmer schnellen Schrittes wieder. Es herrscht Totenstille. Unser Deutschlehrer schüttelt den Kopf. Es ist weiterhin still. Mein Herz pocht – mein Kopf ist leer. Das war mein erster Verweis überhaupt. Ich war sonst stets ein vorbildlicher Schüler. Der Liebling der Lehrer, Bestnoten und stets gute Bewertungen beim Elternabend. Und jetzt das.

Unser Deutschlehrer schaut weiterhin kopfschüttelnd und mit vorwurfsvollem Blick in die Klasse und bricht sein Schweigen: „Ihr solltet euch schämen. Habt ihr mir nicht eben noch erzählt, dass hier eine wilde Wurfschlacht ausgebrochen war? Dass ihr euch gegenseitig Obst und Stifte an den Kopf geworfen habt? Was für ein Kindergarten! Doch was mich nun am meisten erschüttert, ist nicht euer kindisches Verhalten, sondern eure fehlende Courage!“

Er wendet sich von der Klasse ab und geht entschlossen in meine Richtung. Ich stehe immer noch unter Schock und frage mich, was nun passieren wird. Kurz vor mir stoppt unser Lehrer. Er schaut mich mit ernstem Blick an, streckt mir seine Hand entgegen und spricht: „Florian, du hast meinen vollsten Respekt. Natürlich ist es nicht in Ordnung, Dinge umherzuwerfen, aber es gehört schon eine Menge Mut, Aufrichtigkeit und Courage dazu, in deinem Alter für Fehler geradezustehen, während alle anderen sich feige wegducken.“ Ich gebe ihm verwundert die Hand.

Unser Lehrer geht wieder nach vorn zur Tafel und fährt fort: „Courage ist etwas, was man heutzutage leider viel zu selten auf dieser Welt findet. Vergesst den Deutschunterricht. Vergesst Mathematik. All das ist wertlos in einer Welt ohne Courage. Courage zu haben, ist nicht nur eine äußerst wertvolle Charaktereigenschaft. Courage ist vor allem eine Entscheidung, die wir jeden Tag aufs Neue treffen müssen. Ob es die Courage ist, seine Ziele energisch zu verfolgen, die Courage, seinen Mitmenschen zu helfen, oder die Courage, seine Fehler einzugestehen. Ich bin wirklich enttäuscht von euch. Wir werden heute keinen Deutschunterricht machen. Stattdessen werdet ihr darüber nachdenken, warum ihr heute so gehandelt habt und wie ihr in Zukunft zu couragierteren Menschen werden könnt!“

•••

Diese kuriose Situation aus meiner Kindheit ist mir gut im Gedächtnis geblieben. Selbstverständlich habe ich zu Hause für den Verweis Ärger bekommen. Doch nachdem meine Eltern beim Elternsprechtag mit meinem Deutschlehrer gesprochen hatten, waren sie sehr stolz auf mein Handeln. Ich hatte bei dieser angespannten Situation ganz intuitiv meine Hand gehoben – denn ich hatte ja auch etwas geworfen. Also stand ich auch dafür ein. Ganz einfach. Natürlich war ich geschockt von dem Verweis und natürlich fand ich es auch unfair, dass ich als einziger Schüler aus meiner Klasse einen Verweis erhalten hatte. Doch ich bin für mich eingestanden. Für mein Handeln und mich. Das fühlte sich trotz des Schocks über den Verweis sehr gut an und prägt mich bis heute.

Um im Leben voranzukommen und sich auch persönlich weiterzuentwickeln, bedarf es Courage. Man muss sich Fehler eingestehen, diese auch als Fehler anerkennen und daraus lernen. Ohne Courage kein Lernen. Auch heute noch mache ich Fehler – im Geschäftsleben wie im Privatleben – und verdränge diese nicht, sondern erkenne sie an und versuche, couragiert an ihnen zu arbeiten. Als etwa Anfang August 2018 mein erster *YouTube*-Kanal, den ich mir über ein Jahr lang mühsam aufgebaut hatte, wegen Richtlinienverletzungen gesperrt wurde, bin ich mental in ein kleines Loch gefallen. Ich hatte aber die Courage, diese Situation zu reflektieren, mir meine Fehler einzugestehen und nach nicht einmal zwei Wochen mit einem neuen Kanal zu beginnen und diese Fehler nicht mehr zu begehen – das war der Startschuss für meinen extrem erfolgreichen *YouTube*-Kanal, der heute über 100.000 Follower umfasst und der mitunter ein Grundstein für mein großes Vermögen geworden ist.

Courage zeigt sich aber auch in Alltagssituationen – wenn man sich für andere einsetzt. Ich habe mich in meinem Leben bereits viel für andere Menschen oder gute Dinge eingesetzt. Sei es durch Spenden, direkte persönliche Hilfe oder auch einfach durch nette Gesten im Alltag. Courage hilft der Welt. Courage hilft aber auch deiner Seele. Du findest Frieden in dir selbst, schaffst Ausgeglichenheit für dein Seelenleben und kannst das Gute in deinem Handeln tagtäglich spüren. Heute erinnere ich mich gerne an diese Situationen zurück. Der Verweis in der Schule hat mir im Nachhinein wohl mehr genutzt als geschadet, da er mir ein reflektiertes Bewusstsein für Courage geschaffen hat, welches ich zuvor nicht hatte.

Auch an meinen Deutschlehrer erinnere ich mich gerne zurück – er war ein toller Mensch, von dem ich neben den fachlichen Dingen im Unterricht auch menschlich viel lernen durfte. Und auch an die Situation im August 2018, als mein erster mühselig aufgebauter *YouTube*-Kanal plötzlich gesperrt wurde und all die Arbeit eines Jahres weg war, erinnere ich mich heutzutage mit einem Schmunzeln zurück. Ich hatte nicht aufgegeben und war beherzt, energisch, zielstrebig und ohne Furcht vorgegangen und habe einen neuen Start gewagt, ohne den ich nicht dort stehen würde, wo ich heute bin. Darauf bin ich stolz. Ich möchte dieses Kapitel mit den dazu passenden Worten der Schriftstellerin Mary Anne Radmacher sinngemäß schließen:

„Courage brüllt nicht immer.
Manchmal ist Courage die kleine, leise Stimme
am Ende eines Tages, die sagt:
Ich versuche es morgen noch einmal."

KAPITEL 12

WOHLHABENDE BIENEN

Meine Lieblingstiere waren in meiner Kindheit lange Zeit immer Delfine. Clevere und faszinierende Wesen, die mich seit dem Film „Flipper" und zahlreichen Dokumentationen im Fernsehen in ihren Bann gezogen haben. Doch wenn ich heute ein Tier nennen müsste, das ich am meisten bewundere und mit dem ich mich persönlich am ehesten identifiziere, so würde ich die Biene nennen. Der Grund dafür liegt in meiner Kindheit und ist ein Gespräch mit meinem Papa, welches mir bis heute gut in Erinnerung geblieben ist.

•••

Es ist ein warmer Samstagmorgen im Frühling und mein Papa und ich pflanzen im Garten bunte Stiefmütterchen an, die wir zuvor im Blumengeschäft gekauft haben. Ich genieße die gemeinsame Zeit mit meinem Papa. In einer leicht schattigen Ecke unseres Gartens, neben einem Stachelbeerstrauch, fangen wir an, kleine Löcher in die Erde zu graben. „Lass uns immer ein gelbes Stiefmütterchen und ein lilafarbenes nebeneinander einpflanzen. Das sieht bestimmt voll super aus!", schlage ich voller Tatendrang meinem Papa vor. Dieser lächelt und antwortet: „Heute bist du ja besonders kreativ, so machen wir es! Du hast heute Wunschkonzert."

Freudig mache ich mich voller Elan ans Werk und pflanze eine Blume nach der anderen sorgfältig ein. Mein Papa schaut mir stolz dabei zu. „So, fertig!", verkünde ich bald und lege mich zufrieden ins Gras. Der Himmel ist strahlend blau und keine einzige Wolke ist zu sehen. Ein perfekter Frühlingstag.

Doch plötzlich summt etwas an meinem Ohr vorbei. Ich schrecke auf. „Was war das?", frage ich erschrocken und mein Papa klärt mich belustigt auf: „Das war nur eine Biene – kein Grund zur Panik!" Ich schaue immer noch leicht verschreckt umher, ob die vermeintliche Biene gleich zum nächsten Angriff starten würde. „Ich mag einfach keine Bienen. Bienen sind doof. Warum müssen die auch so nah an mich heranfliegen? Das mag ich gar nicht!", erkläre ich meinem Papa angespannt. Mein Papa winkt belustigt ab, setzt sich neben mich ins Gras und erzählt: „Ohne Bienen gäbe es uns gar nicht, mein Sohn. Bienen sind wichtig für uns Menschen und für die Natur. Sie sorgen dafür, dass unsere Natur so wunderschön aufblüht und du solch farbenfrohe Blumen bewundern kannst. Sie bestäuben die Pflanzen und sind ein nützlicher Bestandteil unserer Welt. Zudem produzieren sie den wohlschmeckenden Honig, den du so gerne zum Frühstück isst. Das ist doch auch was, findest du nicht?“

Ich bin noch immer ein wenig eingeschnappt wegen der Biene und reagiere mit einem leichten Schulterzucken. Mein Papa fährt fort: „Du kannst von Bienen auch noch einiges lernen, denn sie haben uns Menschen allerlei voraus! Sie sind exzellent organisiert, extrem fleißig und sehr nachhaltig in ihrem Handeln. All das, was wir Menschen in der Regel nicht sind. Ich weiß, wie ungern du dein Zimmer aufräumst – bei Bienen würde es so etwas nicht geben. Bienen sind viel zu gut organisiert und strukturiert in ihrem Bienenstock. Zudem arbeitet eine Biene ein Leben lang. Jeden Tag. Und hat dabei nur ein Ziel: ein nützlicher Teil der Gesellschaft zu sein.

Wenn ich jetzt einmal so an unsere Gesellschaft denke, dann fallen mir zahlreiche Menschen ein, die den ganzen Tag nur auf dem Sofa vor dem Fernseher sitzen, dahinvegetieren und abends unverrichteter Dinge wieder ins Bett fallen. Katastrophal. Ich will damit nicht sagen, dass du ein Leben lang durchackern sollst – im Gegenteil –, genieße es auch gelegentlich, nichts zu tun und zu entschleunigen. Aber sei ambitioniert, ehrgeizig, fleißig. Sei ein nützlicher Teil der Gesellschaft und schaffe etwas. Und zuletzt: Handle nachhaltig. Damit meine ich viel weniger, dass du auf Mülltrennung achten sollst, was natürlich trotzdem sinnvoll ist, sondern viel mehr Folgendes: Wenn du dir in deinem Leben Wohlstand erarbeiten möchtest – und dabei ist egal, wie du Wohlstand für dich definierst –, so handle wie die Bienen. Für Bienen bedeutet Wohlstand, dass sie ihren Bienenstock ausbauen, ihr Volk vermehren und sorgenfrei überleben können. Dafür benötigen sie die Blumen, denn nur mit deren Nektar schaffen sie es, den für ihr Überleben wichtigen Honig herstellen zu können. Die Bienen sammeln den Nektar, ohne die Blume dabei zu zerstören. Doch auch die Blumen benötigen die Bienen, um ihre Blütenpollen zu verteilen und sich dadurch ebenfalls zu vermehren. Es besteht also eine harmonische Symbiose zwischen beiden."

Ich nicke zustimmend, überlege kurz und frage neugierig: „Aber was hat das nun mit mir zu tun? Ich brauche doch keine Blütenpollen für meinen Wohlstand?" Mein Papa schmunzelt und fasst zusammen: „Die Blütenpollen sind eine Metapher. Sie stehen für deinen Wohlstand, den du dir im Leben aufbauen wirst. Du wirst dir im Leben viele Möglichkeiten schaffen, um Wohlstand aufzubauen. Sei es monetärer Wohlstand oder seelischer Wohlstand. Sei es eine Einnahmequelle, wie ein Beruf oder eine Selbstständigkeit, oder sei es ein Mensch, der dir und deiner Seele guttut. Lerne von den Bienen, diese Quellen des Wohlstandes zu schützen. Das ist eine buddhistische Weisheit. Sammle deinen Wohlstand, ohne seine Quellen zu zerstören, dann wird er beständig zunehmen."

•••

Was ich damals von meinem Papa über die Bienen beigebracht bekommen habe, ist ein Grundprinzip meines Handelns geworden. Ich habe es voll und ganz verinnerlicht und dadurch sowohl privat als auch geschäftlich einen enormen Wohlstand aufbauen können. Anstatt dem kurzfristigen, schnellen Geld hinterherzujagen und dieses mindestens genauso schnell wieder zu verprassen, investiere ich mein Geld sinnvoll und langfristig und habe mir nebenbei viele nachhaltige Geschäftsmodelle aufgebaut, die mir kontinuierlich einen starken Cashflow generieren. Anstatt mein Leben auf oberflächliche Freunde oder kurzlebige Bekanntschaften auszurichten, habe ich mir langfristige Freundschaften und Beziehungen aufgebaut, die mir seelisch sehr guttun und mich emotional wahnsinnig bereichern. Sowohl Geld als auch menschliche Beziehungen muss man pflegen. Dies bedarf oft auch viel Arbeit und Zeit. Aber wer bin ich schon, dass ich mich über zu viel Arbeit oder Zeitaufwand beschweren will, wenn zeitgleich Millionen von Bienen ein Leben lang tagtäglich fleißig und unermüdlich ihren Bienenstock verlassen, mit dem einzigen Ziel, ihren Wohlstand zu vermehren.

KAPITEL 13

OTHELLO

Ich schreibe diese Zeilen in den USA. Es ist Juli 2023, ich bin das erste Mal in die USA gereist und befinde mich auf einem Roadtrip, der mich mit meinem wilden *Ford Mustang* von Seattle über den Yellowstone-Nationalpark bis Portland führt. Ich habe bereits die halbe Strecke zurückgelegt und kann jetzt schon festhalten, dass es einer der schönsten Urlaube meines Lebens ist. Als ich gestern die heutige Route auf der Landkarte studiert habe, ist mir eine kleine Stadt namens Othello im Bundesstaat Washington aufgefallen. Ich musste leicht schmunzeln. Der Name „Othello“ löste in meinem Kopf sofort Gedanken an vergangene Tage meiner Schulzeit aus. Tage, die mich sehr geprägt und gelehrt haben, dass man Chancen erkennen und auch clever nutzen muss. Leider habe ich dabei auch gelernt, dass man häufig im Leben aktiv sein Recht einfordern muss und Ungerechtigkeiten oftmals kein Zufall oder Pech sind, sondern ein Resultat von mangelndem Einsatz, dagegen vorzugehen. Blicken wir also gerne einmal gemeinsam zurück.

• • •

„Good morning class!“, mit diesen Worten begrüßt unsere Englischlehrerin meine Mitschüler und mich zur ersten Schulstunde eines verregneten Donnerstagmorgens. Ich gehe in die zwölfte Klasse und habe Englisch als eines meiner Schwerpunktfächer gewählt, in denen ich Abitur machen werde. Meine Englischlehrerin ist eine engagierte Frau, Ende 30, bei der man das Gefühl hat, dass der Lehrerjob für sie nicht nur Beruf, sondern auch Berufung ist. Rückblickend ist sie äußerst motiviert und innovativ in ihren Lehrmethoden gewesen und legte beispielsweise in ihrer allerersten Unterrichtsstunde mit uns fest, dass wir für die kommenden zwei Abiturjahre ausschließlich Englisch mit ihr sprechen durften – egal ob im Unterricht oder falls wir sie beispielsweise in der Innenstadt beim Shoppen oder sonst irgendwo treffen sollten.

Diese Passion für die Sprache, aber auch für den Lernerfolg ihrer Schüler gefiel mir sofort. Ich hatte von Anfang an einen sehr guten Draht zu ihr, beteiligte mich fleißig an ihrem Unterricht und erhielt stets sehr gute Noten von ihr. Doch das sollte sich schon sehr bald ändern. „Next week, we will write our first test for this year", mit diesen Worten kündigt unsere Englischlehrerin die erste Prüfung des Schuljahres an, die durchaus einen hohen Schwierigkeitsgrad aufweisen dürfte. Es wird eine Buchanalyse werden. Wir haben in den letzten drei Wochen im Englischunterricht das Buch „Othello" von William Shakespeare gelesen und sollen in der kommenden Prüfung einen englischen Aufsatz über eine inhaltliche Frage zum Buch verfassen. Da wir unseren Aufsatz zur Fragestellung mit inhaltlichen Verweisen auf das Buch aufbauen sollen, dürfen wir das Buch „Othello" in der Prüfung als Hilfsmittel verwenden. So weit, so gut.

Als dann aber unsere Englischlehrerin auch noch nebenbei erwähnt, dass wir uns so viele englische Notizen in das Buch schreiben dürfen, wie wir wollen, entflammt in mir eine Idee. Während meine Mitschüler unbeeindruckt weiter den Ausführungen unserer Lehrerin folgen, hebe ich rasch meine Hand und frage: „So it is allowed to write whatever you want in this book, as long as it is written in English – is that correct?" Meine Lehrerin nickt und bejaht die Frage. Ich lehne mich zurück, fange an zu grinsen und freue mich nun schon sehr auf die besagte Prüfung.

Die nächsten Tage verbringe ich damit, jede erdenkliche Fragestellung zum Buch „Othello", die es im Internet gibt, zu suchen und im besten Fall auch vorhandene Antworten dazu zu finden. Und tatsächlich ist das Internet voll von einfachen Schulaufgaben, Uniprüfungen oder sogar Doktorarbeiten, die sich mit Fragestellungen zum Buch beschäftigen. Ich beginne damit, jeden freien, unbedruckten Zentimeter des Buches mit Antworten auf mögliche Fragestellungen aus dem Internet zu füllen. Das Buch hat 252 Seiten – nach unzähligen Stunden Schreibarbeit ist fast das gesamte Buch mit meinen Notizen vollgeschrieben. Es fühlt sich zu einfach an für mich. Ich komme ins Grübeln. Gibt es einen Haken? Nein, die Lehrerin hatte es ausdrücklich erlaubt, alles, was man möchte, in dieses Buch zu schreiben – solange es auf Englisch geschrieben ist. Diese Voraussetzung habe ich erfüllt, da ich beispielsweise deutsche Texte aus dem Internet einfach ins Englische übersetzt und so in das Buch geschrieben hatte. „Wird schon gut gehen!", denke ich mir und gehe schlafen.

Am Prüfungstag fühle ich mich so gut vorbereitet wie noch nie für eine Prüfung. Selbst meine sonst so konzentrierte Art weicht einer ausgelassenen Redseligkeit, als wir im Klassenzimmer sitzen und auf den Beginn der Prüfung warten. Ich hatte niemandem von meinem Plan erzählt. Sobald du andere Menschen in deine Pläne einweihst, die dir einen Vorteil verschaffen sollen, gibt es meist Probleme. Sei es, dass jemand die Lehrerin mit Absicht oder aus Versehen darauf hinweist, oder sei es die Tatsache, dass sich Antworten in der Prüfung dann zu sehr ähneln könnten. Kein Risiko eingehen. Cleverer sein als die anderen. Die Prüfung beginnt und ich lese die Fragestellung. Ich atme beruhigt aus – auf diese Fragestellung habe ich mich tatsächlich vorbereitet und suche schnell die passenden Notizen in meinem Buch. Gefunden. Die richtigen Ausführungen auf die Fragestellung stammen von einer Doktorarbeit einer jungen Schottin, die damit promoviert hatte. Ich beginne, meinen Aufsatz zu schreiben, und baue meine Thesen auf den Ausführungen der schottischen Doktorandin auf – aber in eigenen Worten. Selbstverständlich schreibe ich die Inhalte nicht eins zu eins von meinen Notizen ab, da ich mir durchaus der Tatsache bewusst bin, dass ich auf keinen Fall eine Urheberrechtsverletzung begehen darf. Etwa fünfzehn Minuten vor Prüfungsende bin ich fertig mit meinem Aufsatz und gebe ihn zufrieden bei unserer Lehrerin ab.

Eine Woche später. „Ich bin mal gespannt, ob wir heute die Noten für unsere Prüfung erhalten! Was denkt ihr?“, frage ich meine Freunde, als wir gespannt im Klassenzimmer auf unsere Englischlehrerin warten. In diesem Moment betritt sie den Raum. Doch etwas ist anders als sonst. Die sonst stets gut gelaunte und fröhliche Frau wirkt plötzlich sehr ernst und kalt. Sie begibt sich ohne Zögern direkt zu ihrem Pult, legt ihre Aktentasche ab, stellt sich mit starrem Blick vor die Klasse und beginnt überraschenderweise auf Deutsch mit uns zu sprechen: „Ich bin stinksauer! Ich muss mich wirklich beherrschen, um nicht vollkommen auszurasten. Ich bin enttäuscht. Sogar sehr. Und fühle mich hintergangen.“

Die Klasse ist schockiert. Sie hatte noch nie mit uns Deutsch gesprochen. War doch sonst immer bestens gelaunt. Was war vorgefallen? Sie führt fort: „Ich musste feststellen, dass einer von euch mein Vertrauen ausgenutzt hat. Mich hinters Licht führen wollte. Kurz gesagt: In der Prüfung betrogen hat!“ Ich muss schwer schlucken. Und tatsächlich richtet sich ihr Blick auf mich, ihren einstigen Lieblingsschüler, den sie nun vor der ganzen Klasse zurechtweist: „Flo, willst du mich eigentlich für dumm verkaufen? Dein Aufsatz basiert auf einer Doktorarbeit aus dem Internet, die ich gefunden habe, nachdem ich mich sehr über deine Ausführungen gewundert hatte, die so gar nicht dem erwartbaren wissenschaftlichen Schreibniveau eines Abiturienten entsprechen. Gib mir sofort dein Buch, ich will wissen, was du dort hineingeschrieben hast!“

Alle schauen mich an. Ich packe mein Buch aus und übergebe es ihr. Sie blättert es durch, atmet immer schneller und haut das Buch wütend auf ihr Pult. „Willst du mich eigentlich komplett verarschen? Das ganze Buch ist vollgeschrieben! Tausende von Wörtern! Was soll das?“, schnaubt sie mich an. Ich zucke mit den Schultern und erwidere: „Sie sagten, wir dürften so viele Notizen in das Buch schreiben, wie wir wollen. Ohne Einschränkungen. Ohne Wenn und Aber. Das hatte ich Sie extra letzte Woche noch im Unterricht gefragt. Das kann jeder hier bestätigen.“ Mit jedem Wort, welches ich von mir gebe, wird ihr Kopf immer röter. „Genug ist genug! Das Buch behalte ich als Beweismittel und du erhältst die Note 6. Zudem werde ich mich mit dem Direktor unterhalten, ob wir hier weitere Maßnahmen einleiten werden. Das ist wirklich unerhört!“, brüllt meine Lehrerin wutentbrannt und steckt mein Buch in ihre Aktentasche. Das war nach hinten losgegangen!

Am Nachmittag desselben Tages radle ich schnell wieder nach Hause und setze mich vor meinen Laptop. Ich fühle mich ungerecht behandelt. Ich war im Recht. Warum sollte ich bestraft werden, wenn ich einfach nur cleverer als meine Mitschüler gewesen bin? Zudem war ich so fleißig gewesen und hatte stundenlang tausende Notizen in mein Buch geschrieben, Unmengen an Artikeln im Internet gelesen und unzählige Texte ins Englische übersetzt. Es geht mir nicht in den Kopf, warum Cleverness und Fleiß plötzlich bestraft anstatt belohnt werden sollten. Ich habe mich an alle vorgegebenen Regeln gehalten und eine Lücke im System ausgenutzt. Diese Ungerechtigkeit will ich mir nicht bieten lassen! Ich beginne also, einen Brief an unseren Direktor zu verfassen, in dem ich die Geschehnisse dieses Konflikts aus meiner Sicht so objektiv wie möglich zusammenfasse. Am Ende ist es ein vierseitiger Brief geworden, den ich mit Bedacht und viel Selbstbewusstsein verfasst habe. Am Folgetag gebe ich diesen Brief im Direktorat ab.

Zwei Tage nach der Englischstunde, in der der Eklat zwischen meiner Englischlehrerin und mir stattgefunden hat, werde ich plötzlich in der vierten Schulstunde während des Physikunterrichts per Durchsage in das Direktorat gebeten und mache mich auf den Weg dorthin. Dort angekommen, führt mich die Schulsekretärin in das Büro des Direktors, in dem auch bereits meine Englischlehrerin wartet. Wir nicken uns nur kurz zur Begrüßung zu. Der Direktor betritt mit einer heißen Tasse Kaffee sein Büro und beginnt: „Hallo zusammen! Ich habe Sie beide zu mir gebeten, da ich von Ihnen beiden über die Vorfälle bezüglich der letzten Englischprüfung informiert worden bin und hier vermitteln möchte. Ich gebe zu, die Situation ist etwas komplexer, aber ich denke, ich konnte mir nach ausführlicher Begutachtung des Buches und nach den Ausführungen, die ich von Ihnen beiden erhalten habe, ein gutes Bild der Gemengelage verschaffen."

Der Direktor nimmt einen großen Schluck des noch immer heiß dampfenden Kaffees und fällt sein Urteil: „Mir ist bewusst, dass wir gerade im Hinblick auf das Urheberrecht – eines der höchsten Güter bei wissenschaftlichen Arbeiten – streng sein müssen. Das ist ganz klar." Ich seufze und sehe meine Erfolgschancen schwinden. Der Direktor fährt fort: „Doch ich habe mir die Ausführungen des Aufsatzes genauestens angesehen und mit den Notizen im Buch verglichen und bin zu dem Ergebnis gekommen, dass der Aufsatz durchaus viele inhaltliche Parallelen zur wissenschaftlichen Arbeit der schottischen Doktorandin aufweist. Jedoch in eigenen Worten und eigener Struktur wiedergegeben und durch eigene Aspekte erweitert."

Mit dieser Wendung hatte ich nicht gerechnet. Meine Englischlehrerin ballt wütend die Fäuste und möchte dem Direktor aufgeregt ins Wort fallen – dieser erhebt allerdings mahnend seinen Zeigefinger und schließt seine Argumentation mit den Worten: „Ich bin Direktor. Kein Richter. Ich möchte Kinder und Jugendliche fördern, nicht bestrafen. Selbstverständlich gilt das Recht und klare Vergehen müssen auch als solche anerkannt und entsprechend benotet werden. Doch in diesem Fall sehe ich kein klares Vergehen. Der Schüler hat sich an die Regeln gehalten und den Aufsatz zwar inhaltlich an die Doktorarbeit angelehnt, jedoch in eigenen Ausführungen ein eigenständiges Gesamtwerk geschaffen. Ich muss zugeben, dass ich auch ein wenig beeindruckt bin von dem Fleiß, der in diesen unzähligen Notizen steckt. Warum sollte ich einen fleißigen Schüler bestrafen? Ich wünschte, mehr Schüler würden sich so fleißig mit ihren schulischen Aufgaben beschäftigen. Für das nächste Mal würde ich mir allerdings wünschen, dass die Regeln für Notizen beschränkt und eindeutiger formuliert werden, damit solch ein Fall nicht nochmals eintreten kann. Sie als Lehrerin haben sich hier einen leichtsinnigen Fehler geleistet, den Ihr Schüler clever ausgenutzt hat – damit müssen Sie sich bitte abfinden. Sie als Schüler muss ich abschließend aber auch noch ermahnen. Sie waren clever und fleißig, das honoriere ich. Doch bitte beachten Sie in Zukunft – vor allem mit Blick auf ein Studium an einer Universität –, dass Sie überall wo nötig lieber eine inhaltliche Quellenangabe zu viel als zu wenig setzen. Das kann nicht schaden, glauben Sie mir." Ich nicke zufrieden und sämtliche Anspannung fällt von mir ab. Meine Englischlehrerin, die auf dem Stuhl neben mir sitzt, versucht, sich ihre Wut nicht anmerken zu lassen. Ich gehe zurück in den Physikunterricht.

•••

Ich grinse zufrieden, während ich diese Zeilen schreibe. Was sich damals wie der größte Sieg meines Lebens angefühlt hatte, war nur der Anfang von vielen Schlachten, die ich in meinem bisherigen Leben schlagen musste, um das einzufordern, was mir gerechterweise zustand. Viele Menschen knicken zu schnell vor vermeintlichen Autoritäten ein. Haben zu wenig Selbstbewusstsein, für ihre Rechte einzustehen, oder nehmen Ungerechtigkeiten tatenlos hin. Ich hatte an diesem Schultag beschlossen, mich niemals im Leben benachteiligen zu lassen, nur weil ich cleverer und fleißiger war, als es irgendein System oder eine Autorität von mir erwartete. Im Gegenteil – ich entwickelte einen starken Ehrgeiz, nach Lücken in Systemen zu suchen und mir dadurch in den unterschiedlichsten Situationen Vorteile zu verschaffen. Cleverer sein als die anderen und im Zweifel für sich selbst einstehen. So kommt man weiter im Leben. Weiter als andere.

Die Prüfung wurde im Nachgang übrigens mit „befriedigend" benotet und ich absolvierte mit Englisch als Hauptfach erfolgreich mein Abitur. Noch immer in Nostalgie schwelgend, schaue ich wieder auf die Landkarte, die neben meinem Laptop liegt. Ich denke, ich werde einen kleinen Umweg in das Städtchen „Othello" einplanen und dort einen heißen Kaffee in guter Erinnerung an meinen ehemaligen Direktor trinken.

„Es liegt nicht in den Sternen, unser Schicksal zu bestimmen, sondern in uns selbst."

– William Shakespeare,
aus seinem Werk „Julius Caesar"

KAPITEL 14

PFANDFLASCHEN-RENTE

Wenn ich auf mein bisheriges Leben zurückblicke, so sehe ich viele fantastische Erlebnisse, wunderbare Reisen, mir wichtige Menschen und auch viel Arbeit. Obwohl ich erst 31 bin und mir mittlerweile einen recht stressfreien Lebensstandard aufgebaut habe, denke ich, dass ich in meinem noch recht jungen Leben bereits mehr gearbeitet habe als so mancher Mensch in seiner ganzen Lebzeit. Doch wieso?

Ganz einfach: Eine meiner größten Bestrebungen im Leben war von Kindesbeinen an, möglichst viel Geld zu besitzen. Nicht, um zu prahlen. Nicht, um einfach eine möglichst hohe Zahl auf meinem Kontoauszug stehen zu haben. Sondern für Freiheit. Die Freiheit, tun und lassen zu können, was, wo und wann immer ich etwas machen möchte. Ich hatte Geld am Anfang des Buches als *Lebensgutscheine* betitelt. Und genau so ist es auch. Doch was sich auf den ersten Blick so leicht und toll anhört, ist in Wirklichkeit nur die Oberfläche. Das, was die Leute sehen, während sie sich abfällig denken, dass einem vermögenden Menschen ziemlich sicher alles Geld über Nacht in den Schoß gefallen sein muss. Das mag auch bei vielen reichen Menschen so sein, die eventuell das große Glück erleben, dass sie im Lotto gewinnen oder aber auch schlicht und einfach in eine wohlhabende Familie hineingeboren werden. Doch diese Vorverurteilung tut den Menschen Unrecht, die sich „self-made“ ihr Vermögen aufgebaut haben. Mit Fleiß, Engagement und vielen Jahren Lebenszeit.

Zu letzterer Gruppe zähle ich mich. Selbstverständlich könnte ich nun eine tränenreiche Geschichte aus dem Hut zaubern, wie sich ein kleiner armer Junge aus den Ghettos von München bis in das höchste Gebäude der Welt hochgekämpft hat – doch dem ist nicht so. Ich stamme aus einer gutbürgerlichen Familie und hatte eine liebevolle, behütete Kindheit und Jugend. Meine Eltern waren immer für mich da und haben mich gleichzeitig zur Selbstständigkeit erzogen. Dafür bin ich sehr dankbar und ich weiß, dass mir das den erfolgreichen Start in mein Leben definitiv begünstigt hat.

Doch diese Umstände allein sind definitiv kein Garant für Erfolg im Leben – im Gegenteil –, ich kenne genug Menschen, die in eine gutsituierte Familie hineingeboren werden, ohne Sorgen aufwachsen und dann im Leben versagen. Warum? Weil ihnen der Antrieb fehlt. Der Hunger. Der Biss. Warum sollte sich so etwas bei diesen Menschen auch entwickeln? Es ist doch schon ein sehr bequemes Leben. Wohlstand kann Bequemlichkeit auslösen. Bequemlichkeit kann Antriebslosigkeit auslösen. Antriebslosigkeit kann den langfristigen Verlust des Wohlstandes auslösen. Im Umkehrschluss kenne ich aber auch sehr viele Menschen, die sich aus der Armut bzw. schwierigen sozialen und familiären Umständen extrem engagiert hochgearbeitet haben – und das gerade weil sie aus solchen Umständen kommen und beispielsweise keine andere Wahl haben, als Vollgas zu geben, da ihre ganze Existenz daran hängt.

Ich würde behaupten, dass unsere Gesellschaft heutzutage zu bequem geworden ist. Es braucht wieder mehr „Malocher", wie man in bestem Ruhrpott-Slang sagen würde. Menschen, die anpacken und ackern. Damit meine ich natürlich nicht, dass man nun umgehend in der nächsten Kohlemine anheuern sollte, sondern eher, dass der Gesellschaft eine grundsätzliche Eigenschaft abhandengekommen ist: das Selbstverständnis, dass der Wohlstand und der Erfolg der Gesellschaft, aber auch des Einzelnen, stets mit harter Arbeit einhergehen. Betrachtet man die deutsche Nachkriegsgesellschaft, zu der auch meine Großeltern gehörten, so war dies eine Generation von Menschen, die wirklich hart gearbeitet hat. Weil sie musste. Weil sie ein ganzes Land wieder aufbauen musste. Wohlstand schaffen musste. Für sich. Für die Gesellschaft. Der Wohlstand der heutigen Gesellschaft basiert unter anderem auf der harten Arbeit unser aller Großeltern. Wir lassen es uns heute gut gehen, auf Kosten dieser Vorarbeit. Das ist ein Problem. Während Deutschland und Europa sich ausruhen, holen andere Nationen auf. Doch ich möchte hier jetzt nicht allzu stark in die weltpolitischen Sphären abdriften, sondern wieder den Fokus auf meine Entwicklung legen und darauf, wie ich dieser „Bequemlichkeit" entkommen bin.

Mein erstes eigenes Geld habe ich im Alter von acht Jahren verdient, als ich zusammen mit meinem jüngeren Bruder – zugegeben, mehr aus Spaß als aus Geldgründen – einen kleinen Flohmarkt in unserer Garageneinfahrt veranstaltet habe. Ein paar alte Spielsachen und bemalte Steine von uns waren im Angebot, mehr nicht. Viele Passanten gaben uns ein paar Mark, teilweise ohne etwas dafür mitzunehmen, sondern eher aus Sympathie. Das fühlte sich großartig an und so kam in wenigen Stunden genug Geld zusammen, um meinem Bruder und mir unzählige Päckchen an *Pokémon*-Sammelkarten im Kiosk um die Ecke zu kaufen. Wir hatten mit dem Flohmarkt mehr Geld verdient, als wir zusammen in zwei Monaten an Taschengeld erhalten hätten – diese Erfahrung hat in mir früh einen unternehmerischen Antrieb hervorgerufen. Im Alter von vierzehn Jahren, also dem frühesten Alter, in dem man gesetzlich in Deutschland einer geringfügigen Arbeit nachgehen darf, habe ich mit dem Austragen von Zeitungen und Prospekten in meiner Nachbarschaft begonnen. Wieder mehr Geld. Mit Sechzehn beendete ich das Austragen von Zeitungen und begann, im Supermarkt an der Kasse und im Lager zu arbeiten. Wieder mehr Geld. Mit achtzehn Jahren dann: Betreuung von Senioren über die *Caritas*. Wieder mehr Geld. Dann nach dem Abitur ein duales Studium. Wieder mehr Geld. Und so ging es immer weiter in meinem Leben. Ich nutzte bisher jede Gelegenheit, um noch mehr Geld zu verdienen. Und es fühlte sich jedes Mal besser an. Wie ein Aufstieg. Wie eine Beförderung. Jeder Geldeingang auf meinem Konto war ein kleiner Triumph. Die Schritte Richtung finanzieller Freiheit wurden mit der Zeit immer größer. Bei all der Euphorie muss ich aber auch von einem Erlebnis erzählen, das mich damals während meiner Zeit im Supermarkt sehr geprägt hat.

•••

Ich arbeite in einem Supermarkt: die Hälfte der Zeit an der Kasse und die andere Hälfte im Lager, wo ich vor allem Pfandflaschen in Getränkekisten sortiere oder den Sack mit den zerdrückten Plastikflaschen hinter dem Pfandflaschenautomaten auswechseln muss. Zudem gibt es auch immer wieder Störungen bei dem Automaten, und ich werde ständig von Kunden gerufen, um dort Störungen zu beheben.

Eines Tages werde ich mal wieder zum Pfandflaschenautomaten gerufen, wo mich eine alte, zierliche Dame, etwa um die 80 Jahre alt, in sehr abgetragener einfacher Kleidung, erwartet, die mit drei Müllsäcken voller Pfandflaschen neben dem Automaten stand. Der Automat nimmt eine ihrer Flaschen nicht an, da diese eine spezielle Flaschenform hat, die der Supermarkt nicht im Sortiment führt. Wir sind von der Marktleitung angehalten, solche Flaschen nicht anzunehmen, da uns die passenden Flaschenkästen fehlen. Dies erkläre ich nun alles der alten Dame, die daraufhin sehr enttäuscht ihre restlichen passenden Flaschen in den Automaten steckt und mit dem Leergutbon zur Kasse geht. Die Frau tut mir leid.

Nach Ladenschluss packe ich wie immer die übriggebliebene Backware aus der Auslage in eine Tüte und gehe durch die Hintertür des Lagers nach draußen zu den Müllcontainern des Marktes, um sie dort zu entsorgen. An den Containern sehe ich die alte Dame vom Nachmittag wieder, wie sie abgelaufene Lebensmittel aus den Containern sucht und in ihre Tüten packt. Ich unterhalte mich eine Weile mit ihr. Ihr ist die Situation sichtlich peinlich. Sie erzählt mir, dass sie in einer Lage sei, die ihr keine andere Wahl lässt. Ein Leben lang gearbeitet, aber im Alter zu wenig Geld zum Leben. Daher sammele sie nun Pfandflaschen, gehe regelmäßig zur Tafel oder durchstöbere nachts die Container von Supermärkten.

Ich spreche ihr mein Mitgefühl aus und trickse von da an immer etwas bei den Pfandflaschen, um ihr auch die Flaschen, die nicht zum Sortiment gehören, durchgehen zu lassen. Außerdem lege ich ihr bei meinen Abendschichten immer eine separate Tüte Backwaren hinter den Container, die sie sich dann entspannt und ohne Wühlen im Container mitgenommen hat. Ich denke, das hat ihr damals eine kleine Freude bereitet.

●●●

Die alte Dame ist dabei natürlich kein Einzelfall. Sie steht exemplarisch für eine Gesellschaft, die es im Alter zunehmend schwer hat. Vor allem finanziell. Daraus konnte ich früh für mich festhalten, dass ich niemals in solch eine Situation kommen möchte. Ich wurde noch fleißiger, begann mit dem Investieren und zerbrach mir tagein, tagaus den Kopf, wie ich mich selbstständig machen könnte, um unbegrenzte Verdienstmöglichkeiten zu erschaffen. Ich formulierte für mich folgende These: „Für mich waren Pfandflaschen, nach dem Austragen von Zeitungen, der Schlüssel zu meinem ersten eigenen Geld. Also etwas sehr Positives. Für die alte Dame waren Pfandflaschen etwas existenziell Notwendiges, um über die Runden zu kommen. Also ihr letztes Geld. Die Pfandflasche als Symbol finanziellen Erfolgs bzw. Misserfolgs im Leben. Ich werde meine Kinder ebenfalls Pfandflaschen im Supermarkt sortieren lassen – egal, wie viel Geld unsere Familie eines Tages haben wird. Frühzeitiges Geldverdienen und Vorsorgen sind essenziell. Lieber in der Jugend Pfandflaschen sortieren, als später auf die Pfandflaschen-Rente angewiesen zu sein.

KAPITEL 15

DAS PROBLEM MIT DEM AUTO

„Wow, ein roter *Ferrari*!", rufe ich meinem Papa aufgeregt zu, als wir an einem Montagmorgen in den Sommerferien, an dem sich mein Papa frei von der Arbeit genommen hat, gerade zu unserer Lieblingseisdiele spazieren und ein knallroter *Ferrari* mit Vollgas an uns vorbeirast. Darin ein junger Mann mit Hemd und Krawatte, ernster Miene und lauter Musik, die aus der Musikanlage des Autos dröhnt.

Mein Papa schaut dem *Ferrari* ebenfalls hinterher und erkennt an: „Ja, das ist definitiv ein sehr schönes Auto, auch wenn mir die Farbe nicht so gut gefällt, um ehrlich zu sein. Innerhalb der Stadt so zu rasen, finde ich nicht in Ordnung, aber so wie der Herr im Auto aussah, tut er das wohl, um maximale Aufmerksamkeit zu erregen. Ich würde ungern mit ihm tauschen wollen."

Ich schaue meinen Papa verwundert an und frage ihn: „Aber er hat bestimmt ein super luxuriöses Leben, wenn er solch ein tolles Auto fährt. Das würde dir bestimmt auch Spaß machen, wenn du das jetzt fahren könntest." Mein Papa schmunzelt – er hatte in seinem Leben schon viele verschiedene Autos besessen. Vom kleinen *Peugeot* in seiner Studentenzeit bis hin zu seinem Traumauto: der *Mercedes G-Klasse*.

Als wir bei der Eisdiele angekommen sind und uns mit unseren Eisbechern auf eine nahegelegene Parkbank setzen, greift mein Papa das Thema mit dem Auto noch einmal auf und erzählt: „Ich kann deine Begeisterung für den *Ferrari* von vorhin gut verstehen und ja, ich hätte sicherlich auch meinen Spaß daran, dieses tolle Auto zu fahren. Aber ich sagte dir ja, dass ich mit dem jungen Mann in dem *Ferrari* auf keinen Fall tauschen wollen würde. Das liegt gar nicht so sehr an dem Auto. Das liegt eher an den Umständen. Es ist Montagmorgen. Er trug eine Krawatte und hatte einen ernsten Blick beim Fahren – er war wohl auf dem Weg zur Arbeit. Wenn ich mit solch einem Auto fahren würde, hätte ich wohl ein Dauergrinsen. Aber warum hat er nicht gelächelt beim Fahren?"

Ich zucke mit den Schultern. In diesem Moment fährt eine junge Frau mit einem in die Jahre gekommenen, quietschenden Fahrrad an uns vorbei – sie trägt einen Jutebeutel mit Badesachen über ihrer Schulter sowie ein glückliches Grinsen auf ihren Lippen. „Siehst du?", macht mich mein Papa aufmerksam, nickt in Richtung der Fahrradfahrerin und fährt fort: „Der *Ferrari*-Fahrer wird vermutlich auf sie neidisch sein und mit ihr tauschen wollen. Ein tolles Auto zu haben, ist schön, und du weißt, dass ich meinen *Mercedes* ebenfalls unglaublich schätze. Aber denk einen Schritt weiter. Wirkliche Zufriedenheit kommt nicht durch ein Auto – sie kommt durch Freiheit. Der tollste *Ferrari* wird dir keine Zufriedenheit geben, wenn du ihn an einem Montagmorgen nutzt, um zur Arbeit zu fahren. Klar würde ich den *Ferrari* einem kleinen *Peugeot* vorziehen, um zur Arbeit zu kommen, aber so oder so wäre ich lieber mit einem klapprigen Fahrrad auf dem Weg ins Schwimmbad als mit dem tollsten Auto auf dem Weg zur Arbeit. Verliere dich nicht im Materiellen, mein Sohn." Diesen Rat habe ich mir zu Herzen genommen.

•••

Während ich diese Zeilen gerade schreibe, sitze ich an meinem Schreibtisch im höchsten Gebäude der Welt, bin Multimillionär und besitze eigentlich alles, was ich mir wünsche – bis auf ein Auto. Vor allem in Dubai – der Stadt mit den wohl meisten Luxusautos der Welt – gehöre ich damit zu einer absoluten Minderheit. Hauptsächlich abends höre oder sehe ich oft teure Luxusautos mit viel Lärm durch die Straßen von Dubai brettern.

Ich habe in meinem ganzen Leben noch nie ein Luxusauto gefahren. Nicht einmal für eine Minute als Mietwagen. Doch warum? Das hat zwei Gründe: Zum einen möchte ich mir diesen besonderen Moment aufbewahren, ein solch aufregendes Auto zu fahren. Es soll der Moment sein, in dem ich mir das Auto selbst kaufe. Kein Leasing, keine Miete – in bar. Mein Traumauto. Ich wäre, glaube ich, sehr unglücklich, wenn ich solch ein Auto für einen Tag zur Miete fahren würde und dann wieder darauf verzichten müsste. Daher spare ich mir diesen Moment auf. Zum anderen lebe ich so, wie es mir mein Vater geraten hat: Freiheit über Materialismus. Ich brauche kein Auto. In Dubai gibt es sehr günstige

Taxis. Und auch wenn ich auf dem Papier vielleicht finanziell frei bin, fühle ich es noch nicht richtig.

Ich bin immer noch getrieben, meine Freiheit noch mehr auszubauen. Noch mehr finanzielle Freiheit. Noch mehr investieren. Und daher fällt es mir leichter, 300.000 Euro in die *Ferrari*-Aktie zu investieren, als dafür einen neuen *Ferrari* zu kaufen. Das ist eine echte innere Blockade von mir und ich will auch nicht behaupten, dass das immer so gut ist – Stichwort „Lebensrendite". Ich beobachte in den sozialen Medien, aber auch bei Freunden und Bekannten, dass meist das Traumauto eines der wichtigsten Ziele im Leben ist. Vor allem bei Jugendlichen steht ein teures Auto oft wesentlich höher in der Wunschliste, als ein eigenes Aktiendepot. Das stößt bei mir immer wieder auf Unverständnis.

Am schlimmsten sind die Menschen, die sich für ihren Traumwagen dann auch noch verschulden – unfassbar. Hier fällt mir immer ein bekannter Spruch ein, der unsere Gesellschaft recht gut beschreibt:

„Wir kaufen uns Dinge, die wir uns nicht leisten können, um Leute zu beeindrucken, die wir nicht mögen."

Da steckt so viel Wahrheit drin und es ist auch einer der Hauptgründe, warum es vielen Teilen der Gesellschaft nicht gut geht. Ein Traumleben ist wichtiger als ein Traumauto. Ich bin meinem Papa immer noch sehr dankbar, dass er damals diese Gedanken mit mir geteilt hat. Ich grüße heutzutage *Ferrari*-Fahrer besonders freundlich, da sie als meine Kunden dazu beitragen, dass mir meine *Ferrari*-Aktien tagtäglich etwas mehr finanzielle Freiheit schenken. Ich investiere in Dinge, die mir Rendite bringen, um montagmorgens nicht zur Arbeit fahren zu müssen, und bin begeistert, wenn ich mir eines Tages nur durch meine Renditen entspannt mein Traumauto leisten kann. Ein Traumauto ohne Freiheit ist auch nur ein besseres Fortbewegungsmittel.

KAPITEL 16

GEGEN DEN WIND

„Das Boarding hat nun geöffnet. Wir bitten zuerst unsere Business-Class-Passagiere an das Gate, danach die Passagiere der Economy-Class!", ertönt es durch den Lautsprecher des Flughafens. Ich befinde mich zum ersten Mal in meinem ganzen Leben in einem Flughafen – ich bin zwölf Jahre alt. Zusammen mit meinem Papa und meinem kleinen Bruder geht es heute auf die Insel Lanzarote. Ich bin extrem aufgeregt und bestaune jedes Detail des Flughafens mit großen Augen. Alles ist so neu und spannend hier. Zuvor sind wir immer mit dem Auto oder Wohnwagen in den Urlaub gefahren. Italien, Österreich oder auch Kroatien. Wir hatten nie das große Geld, um als Familie um die Welt zu reisen – doch auch die Urlaube ohne Flugreise gehören zu den schönsten Erinnerungen meiner Kindheit.

„Wie fühlt es sich an, wenn man fliegt?", frage ich meinen Papa, und dieser antwortet mit einem zwinkernden Auge: „Ein wenig wie *Wilde Maus*-Fahren auf dem Oktoberfest." Jetzt freue ich mich umso mehr aufs Fliegen. Mein Papa, mein Bruder und ich sitzen auf einer unbequemen Bank direkt neben unserem Gate. Die hübsche Stewardess am Gate begrüßt die ersten Gäste am Gate, die anschließend in das Flugzeug steigen. „Wann können wir endlich ins Flugzeug, Papa?", frage ich ungeduldig. Mein Papa zuckt mit den Schultern und erklärt mir: „Weißt du, es gibt verschiedene Klassen beim Fliegen. Wir haben die günstigste Klasse gebucht – die Economy-Class. Die nächstbessere Klasse ist die Business-Class. Dort hast du mehr Platz im Flugzeug, besseres Essen und darfst zuerst ins Flugzeug einsteigen. Am Ende kommen wir alle – egal ob Economy- oder Business-Class – gleich schnell am Ziel an, und du wirst sehen, dass auch die Economy-Class sehr angenehm sein kann." Ich verstehe, dennoch schaue ich die an mir vorbeigehenden Erwachsenen mit Neugierde und ein wenig Neid ganz genau an: ein Mann mit arrogantem Blick, Anzug und einer braunen Aktentasche. Eine Frau in hohen Schuhen, knallrotem Lippenstift, die lautstark telefoniert, während sie Richtung Gate stolziert. Und ein junger Mann, der mit Baseballcap, zerrissener Jeans und Sneakern mit offenen Schnürsenkeln bereits am Gate steht und der Stewardess sein Ticket reicht. „Eine wilde Mischung an Leuten", murmle ich leise.

Nach einigen Minuten sind nun auch wir dran mit Boarding. Wir zeigen unsere Tickets, betreten das Flugzeug und setzen uns auf unsere Plätze. Ich bin fasziniert davon, ein Flugzeug das erste Mal von innen zu sehen, und schaue mich wieder neugierig um. Mir fällt nach kurzer Zeit erneut der hochnäsige Mann auf, der vorne in der ersten Reihe bequem Platz genommen hat. Er schickt eine Stewardess los, um ihm ein Glas Champagner zu holen. Kurz darauf bekommt er das Gewünschte mit einem breiten Lächeln serviert. „Wow!“, denke ich beeindruckt, während mich ein korpulenter Mann, ohne es zu bemerken, mit seinem Rucksack beim Vorbeigehen an der Schulter anrempelt. „Ich habe Durst!“, quengelt mein Bruder neben mir. Doch auf Nachfrage bei der Stewardess heißt es, wir müssten mit Getränkebestellungen bis nach dem Abflug warten. In mir entwickelt sich ein inneres Bedürfnis, mit dem Mann in der Business-Class tauschen zu wollen. Tausend Fragen fliegen durch meine Gedanken: Was hat er, was wir nicht haben? Warum ist das so unfair? Warum wird dieser arrogante Typ so viel besser behandelt als wir? Es will mir einfach nicht in den Kopf gehen.

Als dann nach Abflug der Vorhang zwischen Business und Economy-Class zugezogen wird und somit diese nahe, aber doch so ferne Welt endgültig für mich verschwindet, muss ich meinen Papa einfach darauf ansprechen: „Papa, können wir das nächste Mal bitte auch Business-Class fliegen? Ich will das unbedingt!“

Mein Papa runzelt die Stirn und erzählt mit ruhiger Stimme: „Ich bin in meinem ganzen Leben noch nie Business-Class geflogen. Das lohnt sich bei dieser kurzen Flugstrecke ohnehin nicht. Aber auch, als ich früher, vor eurer Zeit, die Welt bereist habe, als ich in Indonesien oder der Mongolei war, bin ich nicht in der Business-Class geflogen. Warum auch? Natürlich ist es komfortabler – keine Frage. Aber es ist auch wesentlich teurer. Auf meinen Reisen geht es mir aber nicht um Komfort. Es geht mir darum, möglichst viel von Land und Leuten zu erleben sowie jeden Euro meines Reisebudgets dafür auszugeben, möglichst viel zu erleben. Als ich als Student mit der Transsibirischen Eisenbahn gefahren bin, hat jede Mark, die ich damals gespart hatte, bedeutet, dass ich länger reisen konnte. Da achtet man dann ganz automatisch auf sein Budget. Und auch jetzt fliege ich lieber mit euch beiden in der günstigeren Economyclass als in der teureren Business-Class, aber kann mit dem eingesparten Geld dann mehr mit euch auf Lanzarote erleben und zum Beispiel öfter lecker essen gehen."

Ich nicke und sehe ein, dass das ein gutes Argument gegen die Business-Class ist. Ich lehne mich zurück, seufze einmal kurz und starre für den restlichen Flug nachdenklich auf den Vorhang.

•••

Dieses Erlebnis ist mir bis heute sehr gut in Erinnerung geblieben. Während ich diese Zeilen schreibe, befinde ich mich gerade auf dem Weg von Dubai nach München – in der Business-Class eines A380 der Airline Emirates. Meine Beine liegen ausgestreckt auf der Fußablage meines bequemen Sitzes, und ich nippe leicht grinsend an einem Glas Champagner. Was für ein Kontrast zu früher. In den Jahren nach besagtem Flug nach Lanzarote bin ich häufig mit dem Flugzeug in den Urlaub geflogen. Als Schüler, mit Nebenjob, oder auch als Student waren meine Budgets natürlich immer knapp bemessen und so lag der Fokus nie auf Business-Class, sondern eher auf der Optimierung der Reise, damit man mit möglichst wenig Budget weit weg reisen konnte. Ich erinnere mich noch an Flugreisen mit mehreren Zwischenstopps, bei denen ich teilweise mitten in der Nacht auf kalten, unbequemen Flughafenbänken übernachtet habe – nur um Geld zu sparen. Am Ende hatte mein Papa recht behalten. Ich wollte auch lieber möglichst viel erleben, möglichst weit wegfliegen und mehrmals im Jahr reisen, anstatt all mein Budget für eine Kurzreise in der Business-Class rauszuschmeißen.

Doch trotzdem – dieses Gefühl, das ich damals als Zwölfjähriger bei meinem ersten Flugerlebnis hatte, begleitete mich über alle Jahre hinweg bei jedem Flug. Warum können die anderen Business-Class fliegen und ich nicht? Was machen sie anders? Menschen, die vermutlich weniger Talent, weniger Fleiß und zudem wahrscheinlich auch weniger Wertschätzung für das so besondere Erlebnis in der Business-Class hatten als ich – sie hatten etwas, was ich wollte. Das brachte mich um den Verstand. Bei jeder Urlaubsplanung überprüfte ich mit hoffnungsvollem Blick neben der Economy-Class auch die Preise für die Business-Class – und wurde jedes Mal aufs Neue auf den Boden der Tatsachen zurückgeholt.

•••

Die Verzweiflung hält an. Jahr für Jahr. Reise für Reise. Bis zu einem ganz besonderen Tag, als ich als 23-Jähriger einen ganz besonderen Menschen beim Feiern in einem Münchener Nachtclub kennenlerne: Er ist ein Freund eines engen Freundes von mir und absolviert zu dieser Zeit gerade bei *Lufthansa* eine Ausbildung zum Piloten. Wir verstehen uns von Beginn an sehr gut und werden sehr schnell sehr gute Freunde.

Durch seine Ausbildung hat er viele Freunde im Bereich der Luftfahrt, und eines Tages kommt er mit einer extrem verrückten Aussage zu mir: „Lass uns Privatjet fliegen!" Ich muss laut lachen. Ich, der Student, bei dem das Geld schon fast nicht für einen Direktflug in der Economy-Class reicht, soll jetzt plötzlich Privatjet fliegen. Ist klar. Doch er blieb vollkommen ernst. Er hatte durch einen Freund, der sich bei einem Privatjetanbieter als Pilot ausbilden ließ, die Möglichkeit, für 400 Euro einen sogenannten „Leerflug" zu buchen. Von München nach Málaga in Spanien. Unfassbar.

Kurz zum Verständnis: Ein „Leerflug" ist ein Flug, der entsteht, wenn ein Flugzeug an einem gewissen Flughafen benötigt wird und dann außerplanmäßig dort muss – normalerweise ohne Passagiere. Daher sind die Tickets für uns so günstig, denn der Jet muss ja ohnehin dorthinfliegen. Einen Tag später ist es so weit und wir fliegen mit dem Privatjet nach Málaga. Für 24 Stunden, dann Economy-Class mit einem Billigflieger zurück nach München – für mehr als eine Hotelübernachtung fehlt uns das Geld. Schon merkwürdig. Aber auch faszinierend. Ich war bis zu dem Tag noch nie Business oder First Class geflogen, aber schon im Privatjet. Surreal. Wir haben uns wie die Könige der Welt gefühlt.

Und in mir hat es auch wieder etwas bewirkt: Das Fliegen in der Economy-Class wurde noch unverständlicher und unangenehmer für mich. Wieso ich? Wieso soll ich für den Rest meines Lebens so reisen? Wieso muss ich mich entscheiden, entweder viel zu erleben oder komfortabel zu reisen? Wieso nicht beides? Es schaffen doch auch so viele andere Menschen scheinbar mühelos, sich Business-Class, First Class oder sogar den Privatjet zu leisten. Eins war mir klar: Ich brauche mehr *Lebensgutscheine* – ich brauchte mehr Geld.

•••

Die Erfahrung mit dem Privatjet war in etwa zu der Zeit, als ich bald mein erstes eigenes Unternehmen gründete. Die Liebe zum Reisen und die Sehnsucht, dabei mehr Komfort und Genuss zu erfahren, waren einer der Haupttreiber, mich selbstständig zu machen und nach mehr Geld zu streben. Geld muss immer auch Zweck haben – bei mir war es zu einem enormen Teil das Reisen.

Trotz steigender Einnahmen und stetig besserem Lebensstandard durch meine Selbstständigkeit habe ich erst im Alter von 30 Jahren meinen ersten Flug in der Business-Class erlebt. Es war der 28. Dezember 2021, der Tag, an dem ich von München nach Dubai ausgewandert bin. Es war ein absoluter Sonderpreis, der aufgrund der Coronapandemie galt, um die geringe Nachfrage nach Tickets anzukurbeln. Zum regulären Preis hätte ich mir diesen Flug nicht gegönnt, da es mir der hohe Preis nicht wert gewesen wäre. Seit Jahren hätte ich mir bereits die Business-Class leisten können, wollte zu dieser Zeit aber lieber jeden freien Cent in Aktien investieren. Bei dem Sonderpreis und dem besonderen Anlass der Auswanderung konnte ich dann aber nicht mehr widerstehen. Es war fantastisch. Es war mein Moment, auf den ich so lange hingearbeitet hatte. Das Flugticket habe ich noch heute eingerahmt auf einem Regal in meinem Apartment im Burj Khalifa stehen. Ich habe damals jede Sekunde dieses Fluges genossen. Sogar noch mehr als den Flug im Privatjet.

Seit dieser Erfahrung bin ich fast ausschließlich Business-Class geflogen. Nicht weil mir das Geld danach egal geworden ist, sondern weil es mich unfassbar in meiner Selbstständigkeit motivierte. Seitdem verdiene ich noch mehr. Gebe noch mehr Gas. Möchte nie wieder ein „Downgrade" in meinem Leben haben. Das ist der Standard, den ich für mein Leben festgelegt habe.

Bitte verstehe mich aber nicht falsch: Es ist nichts verkehrt daran, in der Economy-Class zu fliegen. Ich habe ja selbst die wildesten Erfahrungen in meinem Leben gemacht, um mit geringem Budget an die verschiedensten tollen Plätze dieser Welt zu reisen. Habe auf Flughafenbänken geschlafen und auf meinen dritten Anschlussflug gewartet. Das hat vor allem in jungen Jahren auch den Reiz des Abenteuers, und ich will es im Nachhinein als Erfahrung auch überhaupt nicht missen. Aber auch hier sind wir wieder bei den *Lebensgutscheinen*: Willst du mehr im Leben? Dann brauchst du Geld. Die wertvollsten Dinge im Leben kosten nichts. Das ist richtig. Aber diese Überzeugung gerät schnell ins Wanken, wenn man auf einem Zwölf-Stunden-Flug von München nach Thailand zwischen zwei übergewichtigen, schwitzenden Männern sitzt, die alle paar Minuten schnarchend ihren Kopf auf deine Schulter fallen lassen – selbst schon erlebt.

Ich möchte mit meinen Aussagen deine Urlaube nicht schlechtreden. Ich möchte dir nur etwas aufzeigen: Baue eine Sehnsucht nach einem besseren Leben auf. Sehne dich nach etwas. Und sei es die Business-Class. Das wird einen inneren Antrieb in dir entfachen, diese Sehnsucht zu erreichen. Und ich würde dir das empfehlen, was ich meinem „jüngeren Ich" rückblickend schon früher geraten hätte: Reise mindestens einmal in der Business-Class, so früh wie möglich. Der bessere Service. Das bessere Essen. Kleine, aufgewärmte Handtücher zu Beginn und Ende des Fluges. Der Sitz, der sich zu einem kleinen Bett ausfahren lässt. Das entspannte Ankommen im Urlaubsland. Du wirst süchtig danach werden. Du wirst nie wieder Economy-Class fliegen wollen. Und dafür brauchst du Geld. Die Lebensgutscheine. Du wirst innerlich, bewusst oder unbewusst, in einen Zustand der Motivation gelangen. Motivation, dafür zu kämpfen, dieses Reisen, diese Art zu leben zu deiner Normalität werden zu lassen. Was wird mit dir zwangsweise passieren? Du wirst Wege suchen, dies zu erreichen. Du wirst versuchen, mehr Geld zu verdienen, mit Geld effizienter zu wirtschaften, wirst dich informieren über Wege, günstiger an solche Flüge zu gelangen, und vieles mehr. Das war bei mir ein unfassbarer Hebel. Und du solltest es dir auch wert sein.

Warum solltest du dich mit einem gewöhnlichen Leben zufriedengeben? Warum du? Warum sollst du in der Economy-Class sitzen? Warum muss deine Familie in der Economy-Class sitzen? Nimm die Economy-Class gerne als Metapher für dein Leben. Warum Durchschnitt? Warum nicht nach mehr streben? Es ist deine Entscheidung. Egal ob im Flugzeug oder im Alltag. Upgrade dein Leben. Es wird nicht einfach werden und es wird auch immer wieder Probleme auf diesem Weg geben. Doch dieser Gegenwind auf dem Weg zum Upgrade deines Lebens ist gut und gehört dazu. Bedenke: Ein Flugzeug kann nur durch Gegenwind abheben.

KAPITEL 17

ARROGANZ OHNE GRUND

„Du hast doch alles nur geerbt!“ – ein Vorurteil, welches ich regelmäßig höre, wenn Leute erfahren, wie hoch mein heutiges Vermögen ist, mit Anfang 30. Als wäre es nicht anders möglich. Es muss einfach so sein. Wie könnte man auch mit Anfang 30 schon Multimillionen verdient haben? Das verstehen viele Menschen mit einem „normalen“ Einkommen nicht. Dass ich kein „normales“ Einkommen habe, sondern als selbstständiger Unternehmer seit Jahren jeden Tag dafür kämpfe, ein „unnormales“ Einkommen zu haben – das liegt für diese Personen außerhalb ihrer Vorstellungskraft. Als Antwort gebe ich diesen Menschen dann immer zu verstehen, dass ich sehr glücklich bin, dass ich in meinem ganzen Leben noch nie auch nur einen Cent geerbt habe, und überaus dankbar bin, dass der Großteil meiner Familie und meine Eltern noch leben, was auch gerne so lange wie möglich so bleiben darf.

Manchmal stelle ich mir trotzdem vor, wie es sein muss, wenn man tatsächlich einfach einen riesigen Berg an Geld erbt. In einer Familie aufzuwachsen, in der von vornherein klar ist: Das Leben ist finanziell in jeder denkbaren Art und Weise sehr entspannt. Es gibt ja viele wohlhabende Familien, in denen das so ist. Riesiges Haus, Urlaub auf den Malediven, Privatschule. Wenn ich die Wahl gehabt hätte – wäre es mein Wunsch gewesen, so aufzuwachsen? Als Kind und Jugendlicher hätte ich vermutlich mit „Ja“ geantwortet. Heute würde ich es ablehnen. Tatsächlich habe ich sogar eine Art „Verachtung“ für diese wohlhabenden Kinder und Jugendlichen entwickelt. Nicht auf jede Person, die so aufwächst, aber auf die, die Arroganz ohne Grund in die Welt tragen.

Ich bin ein Mensch, der in seinem Leben immer Harmonie sucht. Der fair ist. Der offen und mit Güte durch die Welt geht und sich niemals über einen anderen Menschen stellen würde. Nur weil ich reicher bin als der Durchschnitt, sagt das absolut nichts über mich als Menschen aus. Ich bin weder besser noch schlechter als ein Mensch mit mehr oder weniger Geld. Das Einzige, was man von meinem selbst erarbeiteten Geld ableiten kann, ist, dass ich fleißig bin. Zielstrebig. Engagiert. Doch das war es auch schon. Diese Einstellung sollte normal sein. Allerdings haben so viele „Rich Kids“ genau hiermit Probleme. Und das macht viele dieser

Menschen extrem unsympathisch für mich. Das fing vor allem an, als ich achtzehn Jahre alt war und das erste Mal in Nachtclubs zum Feiern ging.

Ich komme, wie zuvor erwähnt, aus München, eine Stadt, die ja eh schon den Ruf hat, viele Schnösel und Wichtigtuer als Einwohner zu haben – die sogenannte „Schickeria". Von daher ist man dort ohnehin schon daran gewöhnt, viele arrogante Menschen im Alltag wahrzunehmen, die sich oftmals wichtiger nehmen, als sie eigentlich sind. Doch was man so in Münchener Nachtclubs erleben kann, ist schon teilweise besonders abstoßend. Gruppen von jungen Männern, meist mit zurückgegelten Haaren und einheitlicher Luxuskleidung, die arrogant mit Champagnerflaschen herumprotzen und dabei mit einem dekadenten Grinsen in die Menge schauen, um zu sehen, wie viel Neid und Aufmerksamkeit ihnen durch ihre Show entgegengebracht wird. Ironischerweise sind es auch überwiegend genau diese Typen, die dann zwischen ihrem Champagnerkonsum Richtung Toiletten wanken, die Reinigungskraft verachtend anblicken und ihr am Ende kein Trinkgeld geben. Menschen, die andere Menschen verachten, verachte ich ebenfalls.

Analysiert man diese Gruppen an Leuten, stellt sich auch oft heraus, dass Justus und Co. den Champagner mit Papas Geld bezahlen oder als Gruppe das Geld der Eltern zusammenlegen und am Ende des Abends pro Kopf nicht einmal mehr ausgegeben haben als der durchschnittliche Clubbesucher. Das ist eine Welt, die mir zuwider ist. Versteht mich nicht falsch: Ich gehe auch gerne feiern. Auch gerne mal mit Champagner und anderen teuren Getränken. Aber eben auch mit Anstand und Respekt. Mit eigenem Geld, an dem ich auch sehr gerne die Reinigungskraft teilhaben lasse. Doch wichtiger als Geld ist dabei der Respekt. Wer Respekt verliert, nur weil er Geld gewinnt, hat im Leben verloren, und mit dem möchte ich auch persönlich nichts zu tun haben.

In den Jahren, in denen ich mir mein Vermögen aufgebaut habe, bin ich automatisch auch immer öfter mit Menschen aus den wohlhabenderen Kreisen in Kontakt gekommen. Und hierbei ist mir eine Sache fast immer aufgefallen: Menschen, die ihren Reichtum selbst aufgebaut haben, sind neben ihrem Geld auch in der Regel reich an Respekt. Diese Menschen, zu denen ich mich ebenfalls zähle, kennen die Situation ohne Geld. Wissen, wie hart es ist, sich diesen Reichtum aufzubauen. Kennen das Gefühl, große Träume zu haben, aber dafür hart arbeiten zu müssen. Sie schätzen Dinge, die sie selbst erarbeitet haben, anders. Der Bezug zu dem Geld ist einfach ein ganz anderer. Menschen, die ihren Reichtum „nur" geerbt haben, fehlt oft der Bezug dazu. Sie werden bequem im Leben. Wozu auch anstrengen oder für etwas bemühen? Sie haben durch diese Lebensweise selten etwas, worüber sie sich als Person definieren können. Was bleibt also? Genau: das Geld. Das Einzige, was sie wirklich von der breiten Masse unterscheidet.

Ich sprach davon, dass ich Verachtung gegenüber solchen Menschen hege. Das ist auch richtig, wenn sie andere Menschen aufgrund ihres Geldes ohne Respekt behandeln. Ansonsten würde ich eher von Mitleid sprechen. Mitleid, nicht kämpfen zu müssen im Leben. Nicht für Veränderung innerlich brennen zu müssen. Nach Veränderung zu streben und diese durch eigenes Handeln zu erfahren. Ich bin wahnsinnig dankbar, dass ich mir mein Vermögen selbst erarbeitet habe. Diese Erfahrung hat mich in meinem Leben zudem enorm viel Dankbarkeit, Respekt und Demut gelehrt. Nichts ist selbstverständlich im Leben. So möchte ich wie zuvor erwähnt auch meine Kinder erziehen. Sie sollen eigenständig leben und sich selbst ihr Vermögen aufbauen. Sie werden auf eine ganz gewöhnliche öffentliche Schule gehen, werden normales Taschengeld bekommen und sollen bereits früh damit beginnen, ihr eigenes Geld zu verdienen. Wenn sie es dann noch schaffen, ihren Mitmenschen respektvoll und mit Güte zu begegnen, dann sind sie nicht nur wohlhabende Menschen, sondern vor allem auch wertvolle Menschen.

KAPITEL 18

HUGO UND HILDEGARD

Wenn ich heute auf die Zeit vor meiner Selbstständigkeit zurückblicke, in der ich Nebenjobs für ein paar hundert Euro pro Monat erledigt habe, erinnere ich mich vor allem an einen Nebenjob besonders gerne zurück: meine Zeit als Betreuer bei der *Caritas* für ein demenzkrankes altes Ehepaar – Hugo und Hildegard. Für den Nebenjob als Betreuer hatte ich mich beworben, nachdem ich in der Nähe meines Elternhauses an der Fensterscheibe der örtlichen *Caritas*-Station einen Aushang gesehen hatte, auf dem nach motivierten jungen Leuten gesucht wurde, die wöchentlich für ein paar Stunden Senioren in ihrer Freizeit betreuen möchten. Ich bin in keinerlei Weise ausgebildet oder erfahren gewesen im Bereich Seniorenbetreuung, aber man muss sich die Tätigkeit weniger als medizinische Betreuung vorstellen, sondern mehr als eine freizeitliche Betreuung – also reden, Spiele spielen, spazieren gehen und vieles mehr. Der Sinn dahinter ist, dass die Senioren weniger einsam sind. Für mich war es ein perfekter Nebenjob aufgrund verschiedener Faktoren: Zum einen war ich gerade achtzehn Jahre alt geworden und durfte diese Nebentätigkeit nun also offiziell ausüben. Zum anderen war die Tätigkeit mit knapp zwölf Euro pro Stunde besser bezahlt als mein vorheriger Nebenjob im Supermarkt. Und als kleinen Bonus sah ich die Möglichkeit, dass sich die soziale Tätigkeit auch sehr gut in meinem Lebenslauf machen würde für spätere Bewerbungen. Gesagt, getan – ich wurde nach einem kurzen Vorstellungsgespräch und begleitetem Probetag als Betreuer eingestellt.

•••

Meine Aufgabe umfasst wöchentlich sechs Stunden bei einem älteren Ehepaar zu verbringen, das in etwa zehn Minuten Entfernung zu meinem Elternhaus wohnt. Er heißt Hugo, ist bereits 86 Jahre alt und sitzt aufgrund einer Beinamputation im Rollstuhl. Sie heißt Hildegard, ist ebenfalls 86 Jahre alt – eine quirlige, schlanke Dame, die mit jeder Zelle ihres Körpers Lebensfreude und Herzlichkeit ausstrahlt. Beide stammen ursprünglich aus dem ehemaligen Schlesien, einem Gebiet im heutigen Polen, aus welchem sie im Zuge des Zweiten Weltkrieges mit ihren Familien fliehen mussten. Er arbeitete anschließend bis zum Ruhestand als selbstständiger Verleger, der sich über die Jahre einen großen Buchverlag mit mehreren Mitarbeitenden aufgebaut hatte. Sie unterstützte über all die Jahrzehnte ihren Ehemann liebevoll durch ihre Arbeit im Haushalt und mit der Erziehung ihres gemeinsamen Sohnes, der leider mit Mitte 30 bei einem Autounfall verstorben war. Ein wirklich interessantes Ehepaar. Recht schnell habe ich beide in mein Herz geschlossen und verbringe unheimlich gerne Zeit mit ihnen, sodass sich der Nebenjob eigentlich gar nicht nach Arbeit anfühlt. Wir spielen „Mensch ärgere dich nicht" zusammen, gehen in den nahegelegenen Park zum Entenfüttern oder sprechen über das Leben sowie Hugos und Hildegards Vergangenheit. Es ist einfach herrlich. Die Arbeit macht mir viel Freude. Doch sie macht mich auch nachdenklich.

Einerseits bin ich beeindruckt von der Lebensgeschichte der beiden. Zwei starke Charaktere, die gemeinsam vieles im Leben durchleiden mussten, sei es die Vertreibung aus der Heimat, die Amputation des Beines oder der Verlust des Sohnes. Trotz dieser dramatischen Erlebnisse haben sie es geschafft, sich ein gutes Leben aufzubauen. Stark zu bleiben und gemeinsam durchzuhalten – bis zum Ende. Andererseits sind beide nun dement und brauchen Unterstützung im Alltag. Der einst stämmige Hugo, der mit starker Hand seine Familie und seinen Betrieb geführt hat, sitzt zerbrechlich und mit müdem, leerem Blick im Rollstuhl. Fotos auf dem Fensterbrett der beiden zeigen das glückliche Ehepaar bei der Hochzeit. Ich bin beeindruckt von der Ausstrahlung der beiden auf dem Foto. Sie waren damals Mitte zwanzig gewesen. Kein Vergleich zum Anblick der beiden mit 86 Jahren – aber so spielt jedoch das Leben. Mich beschäftigt diese Entwicklung oft auch nach den Treffen mit den beiden. Ich bin damals in einer Phase des Lebens, in der ich ungeheuren Tatendrang verspürt habe, etwas zu erreichen, zu leben. Ich fühlte, dass ich alles erreichen könnte in meinem Leben und das Leben ganz wunderbar sei. Doch diese Treffen mit Hugo und Hildegard arbeiteten in mir.

•••

Ich begann also, das Leben mehr zu reflektieren als noch zuvor. Würde ich eines Tages genauso enden? Dement, kraftlos und erschöpft? Ein Schatten meiner selbst? War das der Sinn des Lebens? Diese Gedanken beschäftigten mich vor allem nachts an den Tagen, an denen ich die beiden besucht hatte. Ich möchte nicht so enden. Das war eine Phase, die mich persönlich seelisch sehr belastet hat. Bis zu einem warmen Nachmittag im Spätsommer, an dem ich Hugo und Hildegard wie jede Woche besuchte und wir beschlossen, wieder einmal mit trockenem Brot vom Vortag die Enten im Park füttern zu gehen.

•••

„Na da haben wir heute aber Glück! Ich sehe von hier ja schon mindestens zwanzig Enten da vorn am Teich schwimmen. So viele waren es, glaube ich, noch nie!“, stelle ich erfreut fest, während ich gemütlich Hugo in seinem Rollstuhl durch den Park in Richtung Ententeich schiebe und seine Frau Hildegard freudig neben mir her schlendert. „Oh ja! Was für ein Glück! Sieh doch nur, Hugo!“, ruft Hildegard entzückt und mit dem Finger auf die Enten zeigend. Hugo neigt seinen Kopf leicht seitlich in Richtung seiner Frau und nickt kurz.

Hugo ist nie besonders gesprächig und zeigt nur selten Emotionen. Er ist vom Leben erschöpft. Tief in ihm drin, so habe ich stets das Gefühl, ist er noch voller Emotionen. Vor allem für seine Frau, die er bewundert. Er kann diese Emotionen nur nicht mehr nach außen tragen. „Florian, sei doch so lieb und gib mir etwas von dem alten Vollkornbrot. Die Enten schauen mich ja schon ganz hungrig an – nicht, dass sie mich vor lauter Hunger gleich anknabbern“, kichert Hildegard. Ich gebe ihr das Brot und sie beginnt, kleine Stücke davon in Richtung der Enten zu werfen. Hildegard grinst, lacht und genießt unseren Ausflug zum Ententeich sichtlich. Hugo seufzt erschöpft.

Ich werde wieder nachdenklich und frage Hildegard vorsichtig: „Hildegard, ich habe eine Frage an dich, die mich schon seit Langem beschäftigt.“ Hildegard wendet ihren Blick von den Enten ab und schaut zu mir. Ich fahre fort: „Bist du glücklich? Also wirklich glücklich. Ihr hattet ein bewegtes Leben und du hast jetzt einen Mann, der müde wirkt. Müde vom Leben. Fehlt dir nicht die Zeit von früher? Ich habe Angst, alt zu werden."

Hildegard dreht sich wieder zu den Enten. Doch diesmal mit einem leeren Blick. Nachdenklich. Sie nickt mehrere Male leicht mit ihrem Kopf, dreht sich daraufhin wieder zu mir und beginnt: „Weißt du. Das Leben ist nicht immer einfach. Mein Gott, wenn ich an unsere Flucht aus Schlesien denke oder an den Tod unseres Sohnes. Das war schon hart. Das ist immer noch hart. Und auch dass mein Mann nicht mehr derselbe kraftvolle Mann ist, den ich damals kennen und lieben gelernt hatte, macht mich nachdenklich. Aber so ist das Leben. Es macht einen demütig. Demut zu haben – ich denke, das haben viele Menschen verlernt. In der heutigen Zeit gibt es eigentlich keine echten Probleme mehr. Deshalb suchen sich Menschen neue Probleme, über die wir damals nur hätten lachen können. Demut. Ich denke, damit kann man ein gutes Leben führen. Ich bin auch heute noch sehr glücklich über unser Leben. Auch über die Dinge, die uns zutiefst verletzt haben. Sie gehören nun mal dazu, und wenn man ihnen mit Demut begegnet, dann lernt man, damit umzugehen. Sie zu akzeptieren. Weiterzuleben. Ich liebe meinen Mann über alles. Er hat mich seit unserer ersten Begegnung immer auf Händen getragen. Ich verdanke ihm vieles. Dafür bin ich ihm unendlich dankbar und versuche, ihm seit jeher das Glück, welches er mir bereitet, in gleichem Maße zurückzugeben. Ich könnte nicht glücklicher sein als mit meinem lieben Hugo." Ich nicke und werfe nachdenklich ein Stück Brot zu den Enten.

Hugo hebt langsam seinen Blick. Man merkt, dass es ihn anstrengt. Er holt tief Luft und spricht langsam und mit leiser Stimme: „Ich liebe meine Frau. Sie ist mein Diamant. Ich schätze jeden einzelnen Moment meines Lebens, den ich mit ihr bisher gemeinsam verbringen durfte. Das Leben geht schnell vorbei. Ein Wimpernschlag. Vor allem mit der richtigen Frau an deiner Seite. Vergeude es nicht. Genieße es. Du hast nur ein Leben. Doch wenn du das eine richtig lebst, dann ist eins genug."

Wir bleiben an diesem Tag besonders lange bei den Enten. Der kraftlose alte Mann hatte mir neue Kraft gegeben. Ich bin Hugo und Hildegard bis heute dankbar für die gemeinsame Zeit.

KAPITEL 19

DER ERSTE GROßE MISSERFOLG

Ich sitze gerade in meinem Apartment im 63. Stock des höchsten Gebäudes der Welt – dem Burj Khalifa. Eigentlich wollte ich jetzt ein Kapitel über ein anderes Thema meines bisherigen Lebens schreiben, doch ein laut aufheulender Motor eines Sportwagens, der aus der Ferne in den Häuserschluchten Dubais zu hören ist, erinnert mich an eine Zeit in meiner Jugend, in der ich zum ersten Mal mit einem starken Rückschlag in meinem Leben umgehen musste.

Grundschule – easy. Gymnasium – Bestnoten. Prüfungsstress – nicht vorhanden. Doch eine Prüfung in meinem Leben hat mich an den Rand des Wahnsinns gebracht und mich das erste Mal in meinem Leben stark an mir zweifeln lassen: die Führerscheinprüfung. Ich war noch nie der absolute Technikfreak und erkenne Autos auch nicht am Geräusch des Motors, wie es der ein oder andere Motorsportbegeisterte schafft. Aber ich war schon immer interessiert an Freiheit – und der Führerschein sowie ein eigenes Auto bedeuten nun einmal Freiheit. Deshalb hatte ich auch bereits mit fünfzehn Jahren den Führerschein für das Führen eines Mofas gemacht, mit sechzehn dann den Mopedführerschein und mit siebzehn den Führerschein für das begleitete Fahren eines Autos. Wie beim Geldverdienen war ich hier also immer sofort für die nächste Stufe bereit, als es mein Alter zugelassen hat. Die Führerscheine für das Mofa und das Moped waren easy und schnell bestanden, und ich genoss die Mobilität und Freiheit, die damit einhergingen. Umso mehr habe ich mich auf den Führerschein für das Führen eines Autos gefreut. Doch die Vorfreude verwandelte sich schnell in eine existenzielle Krise für mich.

•••

Meinen Autoführerschein mache ich bei einem Fahrlehrer, der nur etwa 500 Meter von meinem Zuhause sein Büro hat. Es ist ziemlich praktisch. Meine Führerscheine für das Mofa und das Moped habe ich bei einem anderen Fahrlehrer absolviert, mit dem auch Freunde bereits gute Erfahrungen gemacht hatten. Doch der ist weiter entfernt, und ich musste immer den Bus nehmen. So entscheide ich mich für die nähere Fahrschule, da man für den Autoführerschein ja auch wesentlich öfter an Fahr- oder Theoriestunden teilnehmen muss.

Der Besitzer der Fahrschule ist gleichzeitig auch der einzige Fahrlehrer – also eine One-Man-Show. Er ist ein alter, drahtiger Mann, mit weiß-grauem Haar, tiefschwarzen, buschigen Augenbrauen und stets ernstem Blick. Wenige Menschen, mich eingeschlossen, finden ihn allein vom ersten Erscheinungsbild her sympathisch. Das ist er auch nicht. Er hat eine schroffe Art an sich. Fachlich stark – charakterlich schwach. Man kann viel von ihm lernen und er hat viel Erfahrung, was mich über seine charakterlichen Schwächen hinwegsehen lässt. Doch mit jeder weiteren Fahrstunde bei ihm fühle ich mich gestresster und unwohler. Ich bin und war schon immer ein sehr ausgeglichener Mensch. Auch mit neuen Herausforderungen oder stressigen Situationen habe ich schon früh gelernt, entspannt umzugehen. Das habe ich ja auch schon in dem vorherigen Kapitel über die Prüfungszeit in der Schule beschrieben. Damit hatte ich nie ein Problem. Doch dieser Mensch, dieser Fahrlehrer, dieser Mann – er schafft das Undenkbare: Er stresst mich so sehr, dass ich innerlich breche.

Doch wie hat er das geschafft? Ich erzähle es dir: Als Fahrlehrer der alten Schule ist für ihn klar, dass Männer besser fahren können als Frauen. Seine Erwartungshaltung an einen Mann ist also bereits sehr hoch und genauso schroff ist seine Reaktion auf Unsicherheiten oder Fehler während einer Fahrstunde. Das bin ich nicht gewohnt. Während der Fahrstunden fühle ich mich erniedrigt. Dadurch steigt meine Unsicherheit und dadurch auch meine Fehlerquote. Ein Teufelskreis. Nach jeder Fahrstunde stampfe ich innerlich kochend vor Wut nach Hause. Ich verabscheue jede Stunde mit diesem Menschen und will einfach nur noch fertig werden. Doch auch nach Erreichen der Mindeststunden in der Fahrpraxis will mich der Fahrlehrer nicht zur Prüfung zulassen, sondern ich muss weitere Fahrstunden dazubuchen. Das macht mich nur umso wahnsinniger. Es kostet mich jedes Mal wieder mehr Nerven, aber auch Geld. Geld, das ich mit meinen Nebenjobs hart erarbeitet habe. Und das zahle ich nun dem Mann, der mich wie einen Idioten behandelt. Ich hasse jede Sekunde mit ihm.

•••

Was ich an ihm, neben seiner schroffen Art, fast genauso gehasst habe: seine abwertende Haltung gegenüber Frauen. Oft wies er mich an, in Straßen abzubiegen, in die gerade eine junge attraktive Frau gegangen war. Dann sollte ich besonders langsam an der Frau vorbeifahren, damit er sie vom Auto aus begutachten konnte. Die Frauen waren meist nur etwas älter als ich. Das löste in mir eine Mischung aus Verachtung und Hass aus. Dieser alte Mann, der mich Nerven und Geld kostete und mich auch noch dazu nutzte, um jungen Frauen hinterherzugeiern. Ich war zuvor noch nie so aufgebracht in meinem Leben. Warum ich nicht einfach abgebrochen habe und zu einer anderen Fahrschule gewechselt bin? Ich wollte nicht aufgeben. Ich wollte ihm nicht den Gefallen tun und ihm zeigen, dass ich zu schwach oder zu unfähig war. Ich wollte es zu Ende bringen.

•••

Die theoretische Führerscheinprüfung bestehe ich mit Leichtigkeit. Die praktische Prüfung gehe ich ebenfalls mit Selbstsicherheit an – denn es ist ja nicht nur mein Fahrlehrer im Auto, sondern auch ein Prüfer, von dem ich mir erhoffe, dass sich mein Fahrlehrer in seiner Gegenwart etwas zurückhalten würde, was seine schroffe Art angeht. Falsch gedacht. Ich habe bereits zwei Jahre Praxiserfahrung im Straßenverkehr durch meine Zeit mit Mofa bzw. Moped. Ich bin ein sicherer Fahrer. Fahre fast täglich. Mit Freude. Mit Leichtigkeit. Doch dieser Mann schafft es nur durch seine Anwesenheit, dass ich durch die praktische Führerscheinprüfung rassele. Nicht einmal. Sondern zweimal. Ich bin am Boden zerstört. All die Selbstsicherheit, die ich mir bisher durch meine Erfolge im Leben aufgebaut habe – dahin. Auch meine Freunde und meine Familie verstehen nicht, was mit mir los ist. Es ist eine sehr schwierige Situation für mich. Ich stelle mich das erste Mal im Leben selbst infrage.

Vor der dritten Praxisprüfung entschließe ich mich dazu, meinen Fahrlehrer zur Rede zu stellen. Ich lasse all meine Wut aus mir sprechen. Habe mit Tränen zu kämpfen, weil ich mir so hilflos und verloren vorkomme. Als ich fertig bin mit meiner Ansage, fasst er mir an meine Schulter, nickt einmal und sagt: „Warum denn nicht gleich so? Du musst mich nicht mögen. Endlich zeigst du mal Elan. Den will ich auch heute in der Prüfung sehen. Ich werde mich heute nicht einmischen, wenn dir das hilft – du hast mein Wort.“ Dann geht er zum Prüfungsauto und wenige Minuten später startet die letzte entscheidende Prüfung. Ich bestehe.

•••

Wenn ich heute daran zurückdenke, wie sehr mich diese Phase meines Lebens geformt hat, dann war es für mich mehr eine Prüfung meiner Seele als meiner Autofahrkünste. Die Fähigkeit, sich im Straßenverkehr zurechtzufinden, hatte ich davor schon. Doch die seelische Stärke, solch eine Situation zu meistern, mit solch einem Menschen klarzukommen, vor einer quasi unlösbaren inneren Blockade zu stehen – das war neu. Im Nachhinein habe ich in stressigen Situationen oder bei Begegnungen mit unausstehlichen Mitmenschen oft an meinen Fahrlehrer zurückgedacht. Ich hatte ihn gemeistert, also würde ich auch alles andere meistern. Und tatsächlich hat es mich Gelassenheit gelehrt. Stress kommt immer von innen, nie von außen. Auch wenn uns Menschen provozieren oder Situationen uns überfordern, so liegt der Grund für den daraus resultierenden Stress in uns selbst. Wir lassen diesen Stress zu. Wir blockieren uns selbst. Heutzutage bin ich ein sehr gelassener und ausgeglichener Mensch. Mein ehemaliger Fahrlehrer hat seine Fahrschule vor einigen Jahren geschlossen und ist in den Ruhestand gegangen. Ich bin ihm dankbar für seine Lehrstunden.

KAPITEL 20

MENS SANA IN CORPORE SANO

Ich war ein dickes Kind. Bis zu meinem dreizehnten Lebensjahr habe ich mehr gewogen, als ich sollte. Nicht fett, aber dick. Ich war zwar als Kind in verschiedenen Sportvereinen, angefangen beim Turnen, dann Judo, Feldhockey und Fußball – doch besonders sportlich war ich nie. Das lag aber vor allem an meiner Ernährung. Ich achtete wenig auf meine Ernährung und konnte auch uneingeschränkt Süßigkeiten essen. Als ich dann in die Pubertät kam und einen Wachstumsschub erlebte, war ich plötzlich dünn. Ich war zu dieser Zeit auch im Fußballverein und trainierte zweimal die Woche und hatte am Wochenende dann noch ein Spiel. Das tat mir gut. Meine Ernährung stellte ich in dieser Zeit aber nicht um. Der vermehrte Sport, gepaart mit der Pubertät, erledigten das. Nach meinem Abitur hörte ich wieder auf mit dem Fußballspielen, da ich mich auf mein Studium und meine Karriere konzentrieren wollte. Die Pubertät war zu diesem Zeitpunkt auch zu Ende, und so nahm ich wieder zu. Durch das erhöhte Gewicht fühlte ich mich oft nicht gut. Mein Selbstbewusstsein, meine Konzentration und mein Schlaf litten darunter.

Ich hatte mich bis zu diesem Zeitpunkt nie mit wirklich gesunder Ernährung befasst. Klar wusste ich, dass mein Lebensstil damals nicht gesund war. Klar wusste ich, dass man mit einer ausgewogenen Ernährung und Sport vieles wieder in Ordnung bringen könnte. Doch ich bin ein absoluter Genussmensch, der gerne gut und oft auch deftig isst. Ich genieße es, zu essen. Ich zelebriere es. Wenn ich beispielsweise auf Reisen bin, ist ein wichtiger Teil meiner Reise auch die Kulinarik. Ich reise gerne durch fremde Geschmäcker. Probiere gerne Neues. Schicke meinen Gaumen auf Reisen. Essen ist ein wichtiger Teil meines Lebens. Auf meine Ernährung zu achten, sie zu kontrollieren und sie einzuschränken, hat sich sehr lange für mich falsch angefühlt. Wie schon öfters in diesem Buch ausgeführt, bin ich ein Mensch, dem Freiheit sehr am Herzen liegt. In jeglichen Bereichen. Und das umfasst eben auch den Bereich des Essens und des Genusses. Warum sollte ich mich darin unfrei machen oder mich beschränken? So hatte ich sehr lange Zeit in meinem Leben gedacht. Bis es sich eines Tages schlagartig änderte.

•••

Ich bin im Urlaub auf Sansibar. Ich bin Anfang zwanzig und verbringe dort einen sehr günstigen Urlaub mit meiner damaligen Freundin. Wir haben uns eine Hütte direkt am Strand gebucht, die weit abseits der großen Hotelanlagen der Insel liegt und von einem einheimischen Ehepaar betrieben wird.

Jeden Morgen macht das alte Ehepaar Frühstück für uns, fragt uns dann direkt, was wir zu Mittag essen wollen und was zum Abendessen. Es ist sehr einfaches Essen. Viel Reis und Gemüse. Wenig Fleisch oder Fisch. Die Auswahl am örtlichen Markt ist überschaubar, und so können wir immer zwischen zwei, drei einfachen Gerichten wählen. Das Essen ist zwar einfach, aber lecker. Nach den ersten Tagen merke ich bereits, dass mein Körper positiv auf die gesündere Nahrung reagiert. Ich bin fitter, schlafe besser und kann mich besser konzentrieren. Ich erzähle dem Ehepaar davon. Sie lachen und erklären mir, dass es sie ehre, wenn mir ihr Essen so gut schmecke und zudem guttue. Damit hätten sie nicht gerechnet, da sie selbst wissen, dass ihr Essen sehr einfach ist im Vergleich zu dem, was die großen touristischen Hotels ihren Gästen anbieten. Wir unterhalten uns lange über Ernährung, die einheimische Kulinarik und ihre Heilkunde. So stellt sich heraus, dass die beiden nur einmal täglich essen. Nicht aus Mangel an Nahrung, sondern ganz bewusst. Sie achten bei ihrer Ernährung auf Ausgewogenheit, zählen aber keine Kalorien oder Ähnliches. Sie sprechen davon, dass der Körper genau wisse, was und wie viel er von etwas brauchen würde. Ich habe viel von ihnen gelernt:

Höre auf deinen Körper. Gib ihm Pausen. Behandle ihn wie einen Tempel. Wie dein Zuhause. Pflege ihn. Nimm dir Zeit und zelebriere dein Essen. Esse bewusster.

•••

Nach dem Urlaub habe ich diese Verhaltensweise in meinen Alltag integriert und lebe bis heute danach. Ich esse nur noch einmal täglich. Mittags. Dadurch gebe ich meinem Körper genügend Zeit, um zu verarbeiten, was ich ihm zugeführt habe. Was esse ich genau? Da halte ich es wie das ältere Ehepaar aus Sansibar und höre auf meinen Körper – ich esse, worauf ich Lust habe. Natürlich aber in Maßen, und ich versuche, so wenig verarbeitete Lebensmittel wie möglich zu konsumieren. Näher an der Natur. Weil der Körper ebenfalls Natur ist. Ich muss zugeben, dass es mich am Anfang sehr gestört hat, nur einmal am Tag zu essen. Ich hatte vor allem nachts immer mal wieder Heißhungerattacken. Doch wenn man sich mental darauf einstellt und das einige Tage durchzieht, gewöhnt sich der Körper auch recht schnell daran. Man muss es zur Gewohnheit werden lassen. Dann schleicht sich auch eine gewisse Leichtigkeit ein.

Ich weiß, meine Aussage „Man soll sich doch einfach mental darauf einstellen“ ist leichter gesagt als getan. Aber auch hier nehme ich mir Afrika als Beispiel. Wie in vielen Teilen der Welt gibt es auch in Afrika in vielen Gegenden Hungersnöte. Menschen haben schlichtweg oft keinen oder nur unzureichenden Zugang zu Nahrung. Oft führt das zu Mangelernährung, gesundheitlichen Problemen oder Schlimmerem.

Ganz ehrlich – wenn man sich diese Situationen von Menschen einmal wirklich vor Augen führt bzw. so etwas persönlich vor Ort miterlebt hat –, hat man einen ganz anderen Blick auf das Thema „Ernährung“ und „Hunger“. Wer bin ich, dass ich jammere, weil ich heute kein Frühstück hatte? Wer bin ich, dass ich schlecht drauf bin, weil heute das Abendessen ausfällt? Das sind First-World-Problems“. Das ist lächerlich. Was wir in den entwickelten Ländern als „Hunger“ definieren, ist für einen Menschen aus einem Gebiet der Erde ohne ausreichend Nahrung nur lachhaft. Wir können uns mehr als glücklich schätzen, wenn wir einmal täglich eine Mahlzeit zu uns nehmen können. Das ist nicht normal auf dieser Welt. Und wenn man sich dann noch informiert, wie lange der menschliche Körper ohne Nahrung auskommen kann – etwa zwei Wochen –, dann erscheint jedes kleine Bauchgrummeln nicht mehr wie ein halber Weltuntergang, sondern nur noch wie das, was es eigentlich ist – eine gesunde Reinigungsarbeit unseres Magen-Darm-Traktes.

Ich bin weder Mediziner noch habe ich Ernährungswissenschaften studiert. Aber auf den eigenen Körper zu hören, ihn sorgsam zu behandeln und ihm regelmäßig Pausen zu gönnen, hat mein Leben auf sehr positive Art und Weise verbessert. Dieser Lebensstil wäre nichts für Bauarbeiter oder Bodybuilder, aber das sind auch konträre Lebensweisen zu meiner. Deshalb lege ich so viel Wert auf die Aussage „Höre auf deinen Körper – er weiß am besten, was für dich richtig ist“. Heutzutage hören wir viel zu viel auf irgendwelche Influencer, die uns eine neue tolle Wunderdiät verkaufen wollen. Freunde, die die Geheimwaffe gegen Kalorien gefunden haben. Arbeitskollegen, die einen skeptisch ansehen, wenn man in der Kantine anstatt der Acai-Bowl doch lieber das Schnitzel wählt. Das ist nicht gut.

Höre auf deinen Körper. Esse nicht nur, um satt zu werden – esse, um es bewusst zu zelebrieren, was für ein Glück du hast, jederzeit eine große Verfügbarkeit und Auswahl an Speisen zu haben. Speisen, die du deinem Körper zuführst. Deinem Tempel. Nährstoffe, die eins werden mit deinem Körper. Es ist meist gar nicht so wichtig, was du isst, sondern wie du isst. Eine bewusst zelebrierte Mahlzeit am Tag kann drei hastig verschlungene Mahlzeiten oft leicht ersetzen. Dein Unterbewusstsein verarbeitet das Essen mindestens genauso stark wie dein Magen – nimmt es das Essen nicht wirklich wahr, verlangt es bald nach mehr. Und so sind Geist und Körper unweigerlich verbunden beim Essen. Du kannst sie positiv beeinflussen. Dafür musst du dich aber entscheiden. Es bewusst tun. Dann beeinflusst es dich auch als Menschen. Denn man ist – entgegen dem berühmten Zitat des deutschen Philosophen Ludwig Feuerbach – nicht „was man isst“, sondern „wie man isst“.

KAPITEL 21

94 BEWERBUNGEN

Da war ich nun also: Fertig mit der Schule, Abitur in der Tasche, alles gut. Wirklich alles gut? Nein. Ich wusste nicht, was ich machen soll. Ich hatte einen tollen Notendurchschnitt von 1,6 in meinem Abitur erreicht. Damit hat man es relativ leicht, sich bei Unternehmen oder Universitäten zu bewerben. Doch was tun? Jetzt endlich Archäologe in Ägypten werden? Oder doch lieber ein Beruf, bei dem man wesentlich mehr Geld verdienen kann? Ich wusste schon immer, dass Geld mir Freiheit bringen würde. Aber der Gedanke, beispielsweise in einem überfüllten Büro zu arbeiten, einen Chef zu haben, der mir Dinge vorgibt und dem ich gefallen muss, entfachte in mir immer wieder ein Schaudern. Alles würde sich in diesem Moment entscheiden. Wo ich arbeite, mit wem ich arbeite, wie viel ich verdienen werde. Mein ganzes Leben hing an dieser Entscheidung: Was will ich werden? Das hat mich unzählige Nächte nicht schlafen lassen. Würde ich meine Traumfrau bei der Arbeit kennenlernen? Würde ich irgendwann im Ausland arbeiten, weil ich diesen und jenen Job gewählt habe? Zu viele Möglichkeiten.

Heutzutage habe ich erkannt, dass der Grad an Freiheit mit der Anzahl an Möglichkeiten wächst und Auswahl ein Privileg ist, doch damals war ich von der riesigen Anzahl an Optionen einfach nur überfordert. Am Ende entschied ich mich für ein BWL-Studium. Keine Archäologie. Doch warum? Ich kam zu dem Entschluss, dass mir Geld wichtiger ist als Erfüllung im Beruf. Ein Trugschluss im Nachhinein, worauf ich zu einem späteren Zeitpunkt noch eingehen werde. Ich dachte mir, egal wie schlimm ein Bürojob auch sein mag, am Ende bringt er mir Freiheit durch bessere Bezahlung. Es gab für mich zwei Optionen: ein klassisches Studium oder ein duales Studium. Ich entschied mich für Zweiteres. Ein duales Studium ist ein Konzept, bei dem man für den Zeitraum von drei Jahren bei einem Unternehmen fest angestellt ist und eine Art „gehobene Ausbildung“ macht und zeitgleich an einer Universität studiert. Drei Monate arbeiten, drei Monate studieren, immer im Wechsel. Der Vorteil: Man verdient Geld, erlangt Berufserfahrung und studiert gleichzeitig. Am Ende hat man dann einen Bachelor-Studienabschluss und wird im besten Fall von dem Unternehmen übernommen.

So, für mich war also klar, dass ich ein duales BWL-Studium machen wollte. Jetzt musste ich mich nur noch bei Unternehmen bewerben, die solch ein Studium anboten. Die nächste Hürde. Ich recherchierte tagelang, welche Unternehmen und Studienschwerpunkte es gab. Von großen Konzernen wie *Bosch* oder *Siemens* bis hin zu kleinen Handelsunternehmen gab es viele Anbieter. Auch der Studienschwerpunkt variierte je nach Unternehmen: BWL mit Schwerpunkt Handel, Logistik, Industrie oder Versicherung und viele mehr. Ich war überfragt. Wäre ich gut in einer Versicherung oder doch lieber in einem Industriekonzern? Wäre ich gut als einer von vielen in einem Großkonzern oder doch lieber einer von wenigen in einem kleinen Unternehmen mit mehr Verantwortung? Ganz ehrlich: Ich wusste es nicht.

Ich bin kein spiritueller Mensch. Ich glaube nicht an Gott oder das Schicksal. Aber ich glaube daran, dass man sich oft zu sehr geistig limitiert. Vor allem, wenn es um den Lebensweg geht. Ich hatte die Archäologie links liegen lassen. Ich hatte mich auf BWL festgelegt. Das musste reichen an Limitierung. Mal sehen, was kommt. Ich hatte einen super Abschluss und war ein junger Mensch mit viel Potenzial und Motivation. Mal sehen, welches Unternehmen das erkennen und mir das beste Angebot machen würde. Und so entschloss ich mich dazu, so ziemlich jedem infrage kommenden Unternehmen eine Bewerbung zu senden. 94 Stück an der Zahl. Ja, richtig gelesen. 94 Bewerbungen. Optionen können einen Menschen lähmen oder einem Menschen Freiheit geben. Die einen werden von zu vielen Optionen erdrückt, die anderen verspüren unendliche Weiten dadurch. Es ist immer die Perspektive, die entscheidend ist. Mich hatten die vielen Optionen am Anfang auch gelähmt. Archäologie oder BWL? Oder doch etwas ganz anderes? Doch als ich mich dann für BWL entschieden hatte, verspürte ich eine gewisse Gelassenheit bei der Wahl des Studienschwerpunktes und des Unternehmens.

Je spezifischer eine Entscheidung sein wird, umso mehr Freiheit sollten wir uns geben. Eine grobe Richtung können wir meist mit unserem Bauchgefühl festlegen. Uns einschränken. Doch warum nicht die Freiheit im Konkreten anstreben? Muss es das eine Unternehmen sein? Muss es der eine Studienschwerpunkt sein?

Was ist, wenn mir das Unternehmen absagt? Was ist, wenn mir im Vorstellungsgespräch klar wird, dass es nicht das richtige Unternehmen oder nicht der richtige Schwerpunkt für mich ist? Dann nicht. Ich hatte ausreichend Zeit bis zum Studienanfang und gute Noten. *Ich* war der Jackpot, nicht das Unternehmen oder der Studiengang. Ich ließ die Dinge auf mich zukommen. Und tatsächlich: Ich erhielt bereits in den ersten Tagen nach dem Versenden der 94 Bewerbungen einige Rückmeldungen. Acht Einladungen zu Vorstellungsgesprächen oder Assessment-Centern und zwei Absagen. In den darauffolgenden Wochen erreichten mich weitere Einladungen und Absagen. Am Ende waren es 51 Zusagen, 17 Absagen und dem Rest sagte ich ab, da ich mich bereits entschieden hatte. Die Vorgehensweise war genau richtig gewesen.

gewesen. Ich erlebte Unternehmen, bei denen ich nicht einmal für sehr viel Geld hätte arbeiten wollen. Menschen, die ich ungern als Kollegen gehabt hätte. Aber auch überraschende Gespräche, bei denen sich Studienschwerpunkte als besser als gedacht herausstellten. Die schlimmste Erfahrung meines Bewerbungsmarathons waren die Assessment-Center. Tage, an denen die Bewerber auf eine Stelle gemeinsam von einem Unternehmen eingeladen werden und den Tag mit Aufgaben, Gesprächen und Herausforderungen verbringen. Für mich der tiefste Abgrund der Arbeitswelt. Wie Mäuse im Labor. Man wird beobachtet. Getestet. Muss sich gut stellen mit allen. Männchen machen. Sitz. Platz. Und das gemeinsam bzw. dann doch eher gegen seine Mitbewerber. Bewertet wird man von Menschen, die meist weniger clever oder begabt sind als man selbst. Passt man in die Schablone rein? Ja? Gut. Nein? „Wir haben uns leider heute für einen anderen Bewerber entschieden, der besser zu unserem Unternehmen passt." Danke für die Erfahrung. Am Ende habe ich mich für ein duales Studium der BWL im Bereich Logistik, bei einem weltweit führenden Unternehmen entschieden. Kein Assessment-Center. Keine unangenehmen Kollegen.

Letztlich aber auch keine Erfüllung …

KAPITEL 22

DER PERFEKTE HAMSTER

Mein Leben war schon immer auf Karriere ausgerichtet. Geld verdienen. Geld vermehren. Möglichst schnell die finanzielle Freiheit erreichen. Bereits im Grundschulalter machte ich mir Gedanken, wie ich reich werden könnte. Ich strengte mich in der Schule an, lernte fleißig und war ein Liebling der Lehrer. Alles mit dem Ziel, erfolgreich zu werden. Das war der vorgegebene Weg. Karriere machen. Das fängt damit an, den Sprung von der Grundschule zum Gymnasium zu schaffen. Dann Abitur mit super Noten. Dann Studium mit einem starken Abschluss. Ackern im Beruf und die Karriereleiter hochklettern. Und dann? Dann hat man es geschafft. Man ist alt, ausgebrannt und hat im besten Fall ein kleines Vermögen angehäuft. Ein Vermögen, das ich heute in nur einem einzigen guten Jahr verdiene. Unfassbar. Aber so bin ich aufgewachsen. Karriere machen. Das schien der einzige Weg, um reich zu werden. Ich habe zum Glück das Hamsterrad verlassen können und bin heute schlauer, aber im Rückblick ist es wirklich erstaunlich, wie ich mich in den ersten knapp 23 Jahren meines Lebens clever, geschickt, aber auch fleißig auf der Karriereleiter durchgekämpft habe. Ich wäre fast der perfekte Hamster geworden.

Im Kindergarten habe ich entdeckt, dass ich ein kreatives Talent habe – ich konnte beispielsweise sehr gut zeichnen. Zeichnen machte mir Spaß. Doch Zeichnen wurde auch schnell zum Mittel, mich zu profilieren. Ich konnte besser zeichnen als die meisten anderen Kinder im Kindergarten. Das gab oft Lob von den Erziehern, und wenn es das mal nicht in dem gewünschten Ausmaß gab, so forderte ich es proaktiv ein.

Dieses Verhaltensmuster übernahm ich auch in der Grundschule. Ich bemerkte, dass ich besonders schön schreiben konnte. Dafür gab es von unserer Lehrerin immer kleine Smileys oder Sticker in unsere Hefte. Rate mal, wer die meisten Sticker und Smileys gesammelt hat. Richtig. Meine Lehrerin führte sogar extra für mich einen neuen Smiley ein, der besonders erfreut schaute und meine besonders schöne Schreibarbeit würdigen sollte. Das war pure Freude für mich. Ziemlich verrückt im Nachhinein, wie ehrgeizig und kompetitiv ich bereits in der Grundschule war.

Auch auf dem Gymnasium war es nicht anders: Gab es eine Möglichkeit, mich hervorzuheben und gute Noten einzusammeln, ergriff ich sie umgehend. Die besten Noten für Mitarbeit in der Klasse – hatte ich. Im Geschichtsunterricht war das Thema „Drittes Reich" – rate, wer seine Münzsammlung mit Münzen aus dem Dritten Reich mit in die Schule nahm, um sie dem Lehrer als besonderes Geschichtszeugnis zu zeigen.

All mein Handeln war, wie gesagt, darauf ausgerichtet, gute Noten zu erlangen und weiter „Karriere" zu machen. Mich hervorzuheben. Ich muss dazusagen, dass ich vor allem in subjektiven Benotungen, also insbesondere für Mitarbeit, auch viele psychologische Tricks angewandt habe, welche mir einen Vorteil verschaffen sollten und die meisten Lehrkräfte gar nicht bemerkt haben. So habe ich beispielsweise während des Unterrichts immer gut gelaunt Augenkontakt mit der Lehrkraft gehalten. Zwischendurch an den richtigen Stellen nachdenklich geschaut und immer mal wieder erstaunt und dankbar genickt, wenn wir etwas Neues gelernt haben. Unterschwelliger Positivismus. Dem Menschen, der dir gegenübersteht, ein gutes Gefühl geben. In Erinnerung bleiben. Es kam dann meistens gar nicht mehr so darauf an, ob ich den Unterricht mit meiner Mitarbeit oder meinen Aussagen bereichert hatte, sondern ich wurde ohnehin von der Lehrkraft als wissbegierig und positiv wahrgenommen. So wie ich das wollte. Wir mussten ein Referat halten – rate, wer der Gruppenführer war. Richtig. Es geht um den Eindruck.

Dabei muss ich erwähnen, dass diese Art, andere Menschen unterschwellig zu beeinflussen, von mir nur bei Menschen angewandt wurde, bei denen ich einen Vorteil suchte. Meine Mitschüler – für mich war es relativ irrelevant, was die über mich dachten. Ich hatte eine Handvoll sehr guter Freunde, bei denen ich mich auch nicht verstellen musste und mit denen ich eine tolle Schulzeit hatte. Aber grundsätzlich war ich niemand, der die Wahl zum beliebtesten Mitschüler gewonnen hätte. Das war mir, wie bereits erwähnt, den Aufwand auch gar nicht wert. Ich habe in diesem Zusammenhang aber tatsächlich etwas gewonnen: Bei der Abiturfeier am Ende der Gymnasialzeit wurde für unser Jahrgangsbuch eine kleine Abstimmung unter allen Mitschülern der

Abschlussklasse für verschiedene Kategorien abgehalten, wie beispielsweise „Wer war der sportlichste Schüler?", „Wer war der lustigste Schüler?" und viele weitere Rubriken. Am Ende habe ich eine Auszeichnung erhalten: „Wer war der größte Schleimer?" Richtig – ich. Das war die Quittung für das selektive indirekte Beeinflussen der Lehrer zu meinem Vorteil und die zeitgleiche Gleichgültigkeit, was meine Mitschüler von mir hielten. Meine Mutter zieht mich noch heute mit diesem Titel auf, und wir müssen beide noch darüber lachen.

Ich war also von der Karriere getrieben. Im Studium führte ich diese Taktik übrigens genauso fort. Ich beeinflusste dort auch meine Kommilitonen, mich zum Kurssprecher, Jahrgangssprecher sowie Fakultätssprecher zu wählen – liest sich ja gut im Lebenslauf. So kletterte ich eine Sprosse nach der anderen auf der Karriereleiter hinauf. Jede Sprosse ein weiterer Schritt in die Bedeutungslosigkeit einer Angestelltenkarriere. Dass ich mich in einem „Rennen" mit Schafen befand, die hochgezüchtet und in die Norm gepresst wurden und sich metaphorisch auf dem Weg in Richtung Schlachthaus befanden, erkannte ich als selbstüberzeugter Oberhammel erst nach und nach.

KAPITEL 23

NUR NOCH EINMAL DRÜCKEN

Ich werde oft gefragt, wie ich eigentlich dazu gekommen bin, dass ich in Aktien investiere. Die Antwort klingt simpel, ist es aber nicht: über meinen besten Freund aus meiner Schulzeit. Sein Name ist Tobi. Wir gingen zusammen auf dasselbe Gymnasium, wobei er nach fünf Jahren die Schule verlassen musste und eine Ausbildung begann. Obwohl wir uns ab diesem Zeitpunkt nicht mehr in der Schule sahen, hielten wir stets guten Kontakt, den wir bis heute sehr pflegen. Ich habe Tobi einiges zu verdanken. Viele schöne gemeinsame Momente, spannende Urlaube zusammen und auch eine Menge Geld. Geld, welches er mir nicht geschenkt hat, sondern Geld, welches ich unter anderem durch seine Ideen oder Anstöße verdient habe. Durch ihn startete ich mit dem Investieren in Aktien, und auch den initialen Gedanken für mein erstes Online-Business habe ich ihm zu verdanken. Wir wollten schon immer Geld verdienen und vermehren. Wir waren jung und wollten das Geld.

Bevor das Investieren in Aktien und Co. sowie die erste Business-Idee begann, versuchten Tobi und ich aber auch durchaus anders unser Glück mit Geld – und hier muss man das Wort „Glück" wörtlich nehmen. Wir trafen uns regelmäßig in Spielotheken und fuhren gelegentlich nach Seefeld in Österreich, um dort im Casino unser Geld zu vermehren. Meist mit mäßigem Erfolg. Doch hier und da kam durchaus mal ein großer Gewinn, der uns immer wieder motivierte, unser Glück weiterhin zu suchen. Wir waren nicht spielsüchtig, aber es war immer ein netter Grund, um uns zu treffen, und beim Hoffen auf das große Glück über Gott und die Welt zu sprechen. Jeder Drücker am Automaten hätte das große Glück bedeuten können. Wir hatten die Überzeugung, dass wir unserem Glück auch etwas auf die Sprünge helfen könnten. Wir wechselten von Automatenspielen zu Tischspielen wie Roulette. Wir fanden ausgeklügelte Strategien im Internet, fuhren hoch motiviert ins Casino nach Österreich und kehrten überwiegend mit weniger Geld als zuvor nach Hause zurück. Enttäuschend. Aber zugegeben, dieses Zocken hatte auch seinen Reiz. Wir hatten beide ja sonst keine Idee, wie wir hätten reich werden können. Es fehlte uns an aussichtsreichen Alternativen. Doch das änderte sich eines Tages.

•••

Tobi und ich sind wie üblich in einer Spielothek verabredet und beginnen damit, ein wenig am Automaten zu drücken und unser Glück herauszufordern. Tobi erzählt mir dabei, dass er nun seine erste Aktie gekauft hat. Ich bin überrascht. Sind Aktien denn nicht nur etwas für Reiche? Kennt er sich überhaupt damit aus? Ich bin skeptisch und frage ihn nach den Gründen. „Wenn wir schon nicht eine eigene geniale Geschäftsidee haben, um reich zu werden, dann lass uns doch zumindest bei Unternehmen investieren, die schon eine geniale Idee hatten!", sind seine Worte. Das überzeugt mich. Ein letzter Drücker am Automaten und wir gehen wieder nach Hause.

Die kommenden Tage, Wochen und Monate verbringen wir damit, Aktien zu analysieren und zu kaufen. Anfangs liegen wir oft falsch. Doch mit der Zeit immer öfters auch richtig. Das Studieren von Roulette-Strategien tauschen wir gegen das Analysieren von Aktien und anstatt auf den Knopf am Automaten zu drücken, bestätigen wir die Kauf- und Verkaufsorders an unseren Laptops. Glücksspiel ebnet uns den Weg ins Investieren. Ich würde mich als Menschen bezeichnen, der gerne Reizen nachjagt. Jemand, der Abenteuer sucht und nicht im Durchschnitt gefangen sein möchte. Und ich muss zugeben, dass ich ohne das Investieren vielleicht immer noch im Glücksspiel feststecken könnte. Deswegen bin ich Tobi dankbar.

•••

Dieses Jagen nach Reizen ist aber auch durchaus gefährlich. Auch beim Investieren. Ich erlebe heutzutage immer öfter, dass viele Menschen die Börse mit einem Casino verwechseln. Dadurch verteufeln die einen die Börse kategorisch, ohne sich damit jemals im Detail befasst zu haben, und andere gehen ihrer Sucht nach Nervenkitzel mit riskanten Trades nach. In beiden Fällen kann man meist nur verlieren. Ja, die Börse ist spekulativ, sein Geld aber nicht anzulegen (zumindest langfristig in einem soliden ETF) und dadurch sein Geld nicht vor der Inflation zu schützen, ist wesentlich spekulativer. Auch das Zocken mit riskanten Optionsscheinen, Hebelprodukten oder Pennystock-Aktien führt oft zu Verlusten. Ich ertappe mich ebenfalls hier und da mal, wie ich eventuell etwas spekulativer investiere, als ich vielleicht sollte. Ich kann damit mittlerweile gut umgehen. Das musste ich aber auch erst mal lernen und habe dabei viel Lehrgeld gezahlt. Natürlich kommt Rendite auch von Risiko, aber ich habe drei goldene Regeln für mich beim Investieren entwickelt, die mich vor zu viel Risiko schützen:

Regel Nummer eins ist, dass keine Investition mich schlecht schlafen lassen darf. Wache ich nachts auf und denke an die Investition, war es keine gute Investition. Ich muss schlafen können wie ein Baby.

Regel Nummer zwei besagt, dass ich nur kaufe, was günstig ist. Günstig ist günstig. Auch wenn überbewertete Aktien manchmal einen sehr guten Lauf haben und vermeintlich nur noch steigen (und das durchaus auch mal über Wochen so anhalten kann), so investiere ich nicht. Ich kaufe keine Höchststände und ich kaufe nichts, was fundamental zu teuer bewertet ist. Ganz einfach. Was günstig ist und fundamental gut aufgestellt ist, das kaufe ich. Das spielt übrigens auch Regel Nummer eins in die Karten. Im besten Fall suche ich am Markt nach Chancen, die aktuell keiner sieht und haben will. Agiert der Markt extrem emotional auf ein Asset und schickt es Richtung Keller, greife ich zu. Das sind meist meine besten Investitionen. Objektiv starke Assets, die emotional günstig verkauft werden.

Und **Regel Nummer drei**, je risikoreicher ein Asset, desto mehr Tranchen nutze ich, um einzusteigen. Ist also beispielsweise eine fundamental sehr starke Aktie wegen einer emotionalen Überreaktion des Marktes massiv in den Keller gerauscht, investiere ich bereits 50 Prozent meines angestrebten Gesamtinvestments. Passiert dasselbe mit einer fundamental etwas weniger starken Aktie oder einer durchaus gerechtfertigten Reaktion des Marktes, so investiere ich zunächst eher erst 25 Prozent des angestrebten Gesamtinvestments, freue mich, wenn es sofort wieder steigt, aber habe gleichzeitig auch noch genug „Pulver“, das ich einsetzen kann, falls die Aktie weiter fallen sollte.

Mit diesen drei goldenen Regeln fahre ich in all den Jahren am Markt bisher sehr gut. Vor wenigen Monaten hatte ich durch diese drei Regeln auch einen hervorragenden Einstieg in eine Aktie eines Casinobetreibers gefunden, mit der ich in kurzer Zeit sehr starke Gewinne verbuchen konnte. Da musste ich an die Tage mit Tobi in der Spielothek denken und schmunzeln. Witzig, wie das Schicksal manchmal so spielt.

KAPITEL 24

DER MAN-LEBT-NUR-EINMAL-SCHWACHSINN

„Man lebt nur einmal!" – diesen Spruch kann ich nicht mehr hören. Meist verwenden ihn Personen, deren Alltag und Sinn im Leben langweiliger nicht sein könnte, wenn sie beschreiben, wie sie gerade als Mutprobe vor ihren Freunden in eine besonders scharfe Chilischote beißen oder sich das für sie viel zu teure Auto auf Raten kaufen. Oft finden diese Leute den Spruch dann auch noch so tiefsinnig, dass sie sich umgehend ein Wandtattoo davon in die Küche kleben. Aufregend. Ich weiß, dass ich mich mit diesen Zeilen ziemlich überheblich anhöre, aber dieses „Man lebt nur einmal" wird einfach zu inflationär und ohne es wirklich verstanden zu haben, verwendet.

Mein Papa ist 1978, als sich China zum ersten Mal öffnete, mit einem Kohledampfer als einer der ersten Ausländer in das kommunistische Land eingereist und hat das Land erkundet, mit nichts weiter als einem Rucksack und ein paar Dollar. Das ist Leben. Das ist Abenteuer. Das ist etwas, was den Titel „Man lebt nur einmal" verdient. Mutig sein. Leben erleben. Nicht irgendwelche unbedeutenden Mutproben oder unvernünftigen Anschaffungen. Doch der Spruch verfehlt meiner Meinung nach ohnehin die Bedeutung vom Leben. Es müsste eher heißen: „Man lebt jeden Tag und stirbt nur einmal". Denn wer immer nach dem Motto lebt, dass man sporadisch mal besonders intensiv lebt und etwas wagt, der lebt ein Leben voller Durchschnitt und Leblosigkeit. Jeden Tag mit Leben füllen. Das Leben fühlen. Tag für Tag. Das ist es.

Der lateinamerikanische Rapper „Pitbull" hat es mal in seinem Song „Feel this moment feat. Christina Aguilera" ganz treffend ausgedrückt: „Du nennst es Moment – ich nenne es Leben." Wir fiebern auf unsere vom Arbeitgeber genehmigten Urlaubstage hin. Wir arbeiten fünf Tage die Woche, um uns auf zwei Tage Wochenende zu freuen. Wir arbeiten über 40 Jahre, um uns auf wenige Jahre Rente zu freuen. Und dann willst du mir erzählen „Man lebt nur einmal" wäre dein Lebensmotto? Versteh mich nicht falsch – mir ist bewusst, dass es ein Wunschdenken ist, dass niemand mehr arbeiten muss und einfach jeder sein Leben in vollen Zügen sorgenfrei genießen kann. Das ist Utopie. Das wird niemals so sein. Aber ich möchte damit Bewusstsein schaffen. Lebst du wirklich oder existierst du aktuell nur? Sei ehrlich mit dir selbst. Viele Menschen wünschen sich am Ende ihres Lebens oft, dass sie noch mehr Leben leben dürften. Doch wenn du ein Leben richtig lebst, reicht eins. Erfüllt dich dein Beruf? Ist die Person an deiner Seite die Person, die dein Leben bereichert? Warum buchst du nicht den Urlaub? Warum wagst du nicht den Traum, den du schon lange hast? Wir warten zu lange und geben uns zu oft mit Mittelmaß zufrieden. Mittelmaß bei der Erfüllung unserer Träume und Wünsche. Das ist Irrsinn.

Als kleines Kind hatte ich vor Geburtstagen oder Weihnachten immer ein besonderes „Kribbeln" im Bauch. Ein Kribbeln, das in meinem ganzen Körper freudige Aufgeregtheit auslöste. Ich ging glücklich und freudig ins Bett und wachte am nächsten Morgen aufgeregt und voller Vorfreude auf und sprang voll motiviert aus dem Bett. Sollte so nicht jeder Tag sein? Dieses Gefühl hatte ich lange Zeit nach meiner Kindheit nicht mehr gespürt. Schule, Studium, Leben – alles okay, aber eben kein Kribbeln. Dieses Kribbeln verspürte ich erst wieder, als ich mich während meines Studiums zum ersten Mal selbstständig machte. Heutzutage erlebe ich dieses Kribbeln ständig. Meine Selbstständigkeit, mein Umfeld, meine Reisen. Ich lebe.

Zu viele Menschen lassen sich zudem zu oft ihr Leben vermiesen. Meist wegen Kleinigkeiten. Auf dem Weg zur Arbeit hat dich jemand nicht mit dem Auto in die Spur einfädeln lassen. Hupkonzert von dir. Wie kann er nur so rücksichtslos sein? Du verbrennst morgens deinen Mund am zu heißen Kaffee. Na toll, der Tag fängt ja schon super an. Auch hier muss man mehr Selbstreflexion zeigen. Stress kommt von innen. Nur von innen. Du bist das, was du denkst und fühlst. Deine Reaktion auf äußere Einflüsse und dein Denken darüber bestimmen deine Laune. Warum machst du es dir selbst so schwer? Warum sabotierst du dich und deine Zeit auf Erden? Setzen wir einmal Zeit mit Geld gleich.

Nehmen wir an, du hättest 86.400 Euro. Du wärst glücklich. Nun stiehlt dir jemand fünf Euro davon. Ärgerlich. Doch so ärgerlich, dass du die restlichen 86.395 Euro wegwerfen würdest? Ich denke, jeder normale Mensch würde hier mit Nein antworten. Ein Tag auf unserer wunderschönen Erde hat 86.400 Sekunden. Warum lässt du dir den ganzen Tag vermiesen, nur weil dich jemand auf dem Weg zur Arbeit nicht einfädeln lässt? Sollten diese fünf Sekunden wirklich deine Laune nachhaltig negativ beeinflussen? Ich denke, du kennst die Antwort.

Selbstreflexion ist ein wunderbares Mittel, um Situationen aus einem anderen Blickwinkel zu sehen und anders einzuordnen. Mit der Zeit wirst du feststellen, dass der Grad deiner Lebensqualität mit dem Grad deiner Selbstreflexion steigen wird. Lebe. Lebe intensiv. Lebe optimistisch. Fühle ein Kribbeln im Bauch, wenn du abends ins Bett gehst und morgens aufwachst. Strebe nach etwas. Nicht nach materialistischen Dingen, sondern nach intensivem Leben. Schreibst du auf, was du besitzt, hast du eine Liste. Schreibst du auf, was du erlebst, hast du eine Geschichte. Schreibe jeden Tag für den Rest deines Lebens. So mache ich das. Natürlich darfst du auch nach Geld streben. Denn Geld ist Freiheit. Aber am Ende ist Geld nur Mittel zum Leben. Etwas, das ein erfülltes Leben begünstigen kann. Ich habe für mich selbst einmal folgendes Ziel für mein Leben festgelegt: Ich hätte gerne die Lebensfreude eines siebzehnjährigen Jungen auf seinem ersten Date und gleichzeitig die Gelassenheit einer neunzigjährigen Millionärswitwe. YOLO!

KAPITEL 25

GESTARTET UND GESCHEITERT

Meine erste Selbstständigkeit – wow, was für ein aufregendes Gefühl! Ich dachte, mir gehöre nun die Welt. Während meines Studiums hatte ich gemerkt, dass ich viel zu viel freie Zeit hatte. Das Studium und auch die Arbeit bei meinem Betrieb, bei dem ich das duale Studium absolvierte, unterforderten mich. Selbstverständlich genoss ich das Studentenleben in vollen Zügen und war teilweise viermal die Woche feiern und mit Freunden unterwegs. Alles gut. Doch ich merkte, dass ich diese besondere Zeit nutzen sollte. Jung, motiviert, clever. Da musste doch was nebenbei aufbaubar sein. Ein eigenes Unternehmen. Doch was? Als ich in dieser Phase meines Lebens war, das war etwa 2014/2015, war es die Zeit, in der Social Media immer größer wurde. Es gab bereits seit einigen Jahren *Facebook* und *YouTube*, und *Instagram* startete und wurde immer größer. Zudem entwickelten sich durch die sozialen Medien und das Fernsehen immer mehr sogenannte „Z-Promis", also Personen, die mehr oder weniger berühmt wurden und vor allem auf *Instagram* und Co. eine Reichweite aufbauten. Meine erste Idee für ein eigenes Unternehmen entwickelte sich aus folgendem Erlebnis.

•••

Der Geburtstag von meiner Mama steht an. Ich überlege lange, was ich ihr schenken kann. Ich überlege und überlege, aber mir fällt nichts ein. Sie spielt gerne Golf, aber in diesem Bereich habe ich bereits alle denkbaren Geschenke bei vorherigen Geburtstagen und Festtagen geschenkt. Einen Gutschein? Langweilig. Ein Buch von Stephen King – ihrem Lieblingsautor? Das ist es! Aber er hat zu diesem Zeitpunkt keine Neuerscheinung. Ich überlege weiter. Wie wäre es mit einer Stephen-King-Autogrammkarte? Etwas persönlicher als nur ein Buch. Doch dann kommt mir die Idee! Noch persönlicher als ein Autogramm von Stephen King ist ein Gruß von Stephen King persönlich. Eine individuelle Grußnachricht von Stephen King direkt an meine Mama. Geht das überhaupt? Ich recherchiere. Ich finde im Internet den Kontakt zu Stephen Kings Management. Ich schreibe es an. Keine Reaktion. Ich bin ziemlich enttäuscht, muss aber zugeben, dass ich wenig

Hoffnung hatte, dass Stephen King oder sein Management auf meine Anfrage eingehen würden. Am Ende schenke ich meiner Mama einen gemeinsamen Restaurantbesuch in einem feinen Münchener Restaurant. Ist auch super bei ihr angekommen.

●●●

Doch die Anfrage an Stephen King hatte mich auf eine Idee gebracht: Ich war mit Sicherheit nicht der erste und einzige, der eine Grußbotschaft eines Prominenten angefragt hatte. Doch die Chancen, solch eine Botschaft zu erhalten, standen bei den meisten Promis gleich null. Wie wäre es also, wenn man ein Unternehmen gründen würde, welches als Agentur zwischen Prominenten und Endverbrauchern vermittelt? Eine Plattform, die Verträge mit Prominenten bzw. deren Management hat und dem Endkunden eine einfache und zuverlässige Möglichkeit bietet, eine Grußbotschaft eines sonst unerreichbaren Prominenten zu erhalten? Genial! Ich spürte wieder das Kribbeln in mir. Noch während des Studiums gründete ich mein erstes Unternehmen. Ich hatte nicht viel Budget als Student, aber war fest davon überzeugt, dass ich es hinbekommen würde.

Ich baute eine eigene Website, richtete mir eine passende E-Mail-Adresse ein und begann zu recherchieren. Hier kam mir die Zeit der sozialen Medien entgegen. Weil ich wusste, dass die meisten großen Prominenten erst zusagen würden, sobald ich eine passable Anzahl an kleineren Prominenten vorweisen konnte, begann ich mit den oben beschriebenen „Z-Promis“. Ich schrieb massenhaft Agenturen und Managements an. Ich kontaktierte Influencer auf *Facebook*, *Instagram* und Co. und stellte ihnen mein Geschäftsmodell vor. Jeden Morgen checkte ich aufgeregt mein E-Mail-Postfach. Es gab erste Rückmeldungen! Wie vermutet, waren die größeren Prominenten zurückhaltender. Doch nach und nach konnte ich die ersten kleineren Prominenten für mein Angebot gewinnen. Ohne Namen nennen zu wollen – ich hatte nach kurzer Zeit so ziemlich alle Kandidaten, die man sich im *Dschungelcamp* auf *RTL* vorstellen kann. Die Prominenten konnten ihren Preis für eine Grußnachricht selbst festlegen. Die Preise rangierten von 100 Euro bis 2.000 Euro. Ich als Plattform bot die Grußnachrichten anschließend mit 20 Prozent Aufschlag und zzgl. Mehrwertsteuer im Internet an. Das Geschäft lief tatsächlich gut an und ich schaffte es auch, den ein oder anderen großen Prominenten auf meine Plattform zu bringen.

Doch mit der Zeit ging mir mein lang angespartes Geld Stück für Stück aus: Steuervorauszahlungen, Steuerberater, Anwaltskosten, Gebühren für Website und Co. und dann natürlich auch die Ausgaben für meinen privaten Alltag. Ich schränkte mich privat zu dieser Zeit sehr ein, um nur das Nötigste auszugeben. Ich erinnere mich sogar an Tage, an denen ich noch schnell Pfandflaschen wegbrachte, um mir ohne schlechtes Gewissen ein Busticket kaufen zu können. Das war eine verrückte Zeit. Das Geschäft mit den Grußbotschaften lief zwar gut an, aber ich hätte wesentlich mehr Marketing machen müssen, um es für mich langfristig profitabel machen zu können. Mein Geld war bald weg. Ich musste der Tatsache ins Auge blicken, dass ich zwar eine gute Idee gehabt, aber vor lauter Vorfreude und Blauäugigkeit nicht verstanden hatte, dass es mehr als eine gute Idee braucht, um Erfolg zu haben. Mir fehlte es einfach an Erfahrung und vor allem an Budget. Ich musste aufgeben. Ich meldete mein Unternehmen nach etwa einem Jahr ab und war am Boden zerstört. Für mehrere Wochen blieb ich in einem mentalen Tief gefangen. Ich war gescheitert, hatte all mein Geld verbraucht und startete wieder bei null. Ich verbrachte viel Zeit vor dem Fernseher und war antriebslos und unmotiviert geworden. Eine echt schwere Zeit, wenn ich mich heute zurückerinnere.

Dann konzentrierte ich mich wieder auf mein Studium und begann erneut, etwas Geld zur Seite zu legen. Ich arbeitete mich nach und nach wieder aus meinem Tief heraus. Etwa vier Monate nachdem ich mein Unternehmen abgemeldet hatte, sah ich eine Fernsehsendung. Eine Sendung, die mich wieder aufhorchen ließ. Es war eine Reportage über einen vierzehnjährigen Jungen in den USA, der von seinem Kinderzimmer aus mit Social Media jeden Monat mehr als 100.000 Dollar verdiente. Unfassbar! War dieser Vierzehnjährige schlauer als ich? Ich war mir sicher: Nein! War er cleverer als ich? Nein! War er fleißiger als ich? Bestimmt nicht! Warum also um alles in der Welt sollte er so viel Geld mit etwas verdienen, was ich vermutlich besser könnte? Das ging mir nicht mehr aus dem Kopf. Zudem hatte ich ja auch noch die Verhandlungen mit den Prominenten vor Augen, die für eine lächerliche Grußbotschaft teilweise tausende von Euro verlangten. Mein Entschluss stand fest: Ich würde die sozialen Medien erobern!

Wenige Tage später gründete ich mein zweites Unternehmen und es ging los. Ich startete mit *Facebook*-Meme-Seiten, also Seiten auf *Facebook*, die lustige Bilder und Videos teilten, um maximale Reichweite und Follower aufzubauen. Diese Reichweite konnte man monetarisieren, indem man gelegentlich Affiliate-Links zu Produkten, zum Beispiel auf *Amazon*, postete und für die erfolgreiche Vermittlung von Käufen dann eine Provision erhielt. Das funktionierte. Sogar sehr gut. Und der Vorteil war, dass ich dabei fast keinerlei Kosten hatte und *Facebook* zudem damals noch unfassbare organische Reichweiten für solche Seiten ermöglichte.

Zur selben Zeit brachte mich mein bester Freund Tobi auch noch auf die Idee, dass wir Websites starten könnten, auf denen wir ebenfalls Produkte empfehlen und eine Provision für die Vermittlung von Käufen erhalten. Reichweite für diese Websites kam durch eine gute Platzierung bei *Google*, die man mit einigen Tricks damals leicht erreichen konnte. Auch das war ein Erfolg. Ich optimierte zudem meine Steuer und Buchhaltung und hatte bereits eine Menge Vorwissen aus meiner ersten Selbstständigkeit. Das half mir damals enorm. Seitdem ging es geschäftlich eigentlich nur noch bergauf für mich.

Hätte ich das erste Unternehmen nicht so an die Wand gefahren und daraus gelernt, wäre ich heute vermutlich nicht dort, wo ich jetzt bin. Alles passiert aus einem Grund. Das war auch ein Learning für mich. Alles ist gut, so wie es passiert. Es wird im Nachhinein Sinn ergeben, wenn nicht heute, dann an einem anderen Tag. Vertraue dir selbst und vertraue dem Universum. Ich würde sogar behaupten, dass jeder erfolgreiche Unternehmer in seinem Leben mindestens eine extrem negative Erfahrung gemacht hat. Ein massiver Rückschlag. Eine vernichtende Nachricht. Ein Tal der

Tränen. Millionäre entstehen durch Schmerz, Traumata und extrem einschneidende Momente. Wer diese Erlebnisse durchlebt und es trotzdem oder gerade deswegen noch einmal wagt und daraus lernt – dieser Mensch kann die Welt erobern!

KAPITEL 26

EINE TASSE KAFFEE

Ich bin ein Mensch, der gerne auch mal allein ist. Für den das Alleinsein kein Problem ist. Eher eine willkommene Abwechslung. Zeit zur Selbstreflexion. Ich denke, dass viele Probleme unserer Gesellschaft dadurch entstehen, dass der Mensch sich zu selten selbst reflektiert. Wir sind alle so sehr sozialisiert zur Gesellschaft, zu sehr gestresst und eher fokussiert auf unsere Außenwirkung als auf unsere Innenwirkung. Wir legen mehr Wert auf die Wartung und Pflege unserer Autos als auf die Wartung und Pflege unserer Seele und Psyche. Dieser Umstand führt zu unausgeglichenen Menschen, die sich selbst nicht richtig einschätzen können, unausgeglichen leben und auf äußere Reize meist katastrophal reagieren.

Nehmen wir ein Beispiel als Veranschaulichung: Stell dir vor, du hättest eine Tasse in der Hand, die mit Kaffee gefüllt ist. Nun rempelt dich jemand an. Was passiert? Natürlich – du verschüttest dadurch deinen Kaffee. Doch der Kaffee hätte auch Tee sein können. Dann hättest du Tee verschüttet. Ganz egal, was in dieser Tasse gewesen wäre, du hättest es dadurch verschüttet. Doch wer hat die Entscheidung getroffen, die Tasse mit Kaffee zu befüllen? Richtig – du. Es geht hierbei nicht um persönlichen Geschmack. Es geht hierbei um die Tatsache, dass dir das Leben eine Tasse gegeben hat. Du hast aber entschieden, womit du diese Tasse gefüllt hast. Im Leben wird es immer wieder solche Situationen geben, in denen du unerwartet angerempelt werden wirst. *Was* du dabei verschüttest, liegt aber in deiner Macht. Frage dich, was in deiner Tasse sein soll. Ausgeglichenheit, Besonnenheit, innerer Frieden oder Selbstzweifel, Angst und schlechte Laune? Es liegt an dir. Arbeite daran, deine Tasse mit den richtigen Dingen zu befüllen, und du wirst ein besseres Leben führen.

Motivation kommt nicht direkt von außen, sondern aus unserem Inneren. Äußere Ereignisse wirken nur als Auslöser – ob daraus Motivation entsteht, bestimmt unser Inneres. Genauso verhält es sich mit Stress: Er ist keine äußere Kraft, sondern ein innerer Prozess. Ohne Ausnahme. Um es auch mal rein chemisch zu belegen: Stress wird in unserem Körper durch die Hormone Noradrenalin, Adrenalin und Cortisol ausgelöst. Der Grund für die Ausschüttung dieser Hormone mag außerhalb deines Körpers liegen, aber du entscheidest mit deiner Reaktion, ob und wie viel von diesen Hormonen in deinem Körper ausgeschüttet wird. Es kann also keinen Stress geben, wenn du ihn nicht zulässt. Ich weiß, leichter gesagt als getan, aber du kannst dich und deinen Körper dahingehend trainieren. Meist reicht ein kurzes Durchatmen und objektives Analysieren der Lage und Optionen. Wird die Situation besser durch Stress? In fast allen Fällen lautet die Antwort: Nein. Gibt es Optionen, die Situation zu lösen, und wenn ja, wie viele, und welche ist die einfachste für mich? Sind wir mal ehrlich – meist gestehen wir uns selbst nach stressigen Situationen ein, dass man mit einem „kühlen Kopf" und etwas Ruhe besser reagiert hätte als mit Stress und innerer Unruhe. Das nennt man Selbstreflexion. Man muss Herr seines Körpers und Geistes werden. Das erreicht man nur durch ständiges Hinterfragen, Reflektieren und durch das Erlangen einer Art „Metaansicht", also durch das ganzheitliche und objektive Betrachten einer Situation, losgelöst von seinem Inneren und der eigenen reinen Subjektivität.

Selbstreflexion ist der Schlüssel zu einem ausgeglichenen Leben. Ein Schlüssel, den die meisten Menschen aber leider niemals finden werden. Warum? Weil zur Selbstreflexion auch gehört, dass man mit sich allein sein kann. Ich würde behaupten, dass 80 bis 90 Prozent der Menschheit nicht allein sein können. Es würde vermutlich bei vielen Menschen schon ausreichen, wenn man sie zehn Minuten allein in einen leeren Raum sperren würde. Sie würden durchdrehen.

Doch warum ist das so? Wir leben in einer Welt voll Reizüberflutung, Stress sowie ständigem Kontakt mit anderen Menschen durch soziale Medien. Die neuen Generationen verlernen, allein zu sein. In sich selbst zu horchen. Sich Zeit für sich selbst zu nehmen. Mit fatalen Folgen für den Einzelnen, aber auch für die Gesellschaft: Vereinsamung, Unzufriedenheit und Orientierungslosigkeit. Du fragst dich vielleicht gerade, ob es nicht widersprüchlich ist, dass man in einer Welt mit ständigem Kontakt mit anderen Menschen durch soziale Medien vereinsamen kann? Berechtigte Frage! Zum einen sind vor allem durch die sozialen Medien unsere Beziehungen und Kontakte immer oberflächlicher geworden, zum anderen hat sich aber auch in uns verstärkt ein

Drang entwickelt, uns selbst mehr auf das „Außen" anstatt das „Innen" zu fokussieren.

Schaffst du es beispielsweise, dich vor einen Spiegel zu stellen und dir selbst mehr als eine Minute intensiv in die Augen zu sehen? Nur in die Augen. Einmal nicht begutachten, ob die Frisur sitzt oder ob dir das neue Outfit steht, mit dem du deine Freunde beeindrucken willst. Nur die Augen. Eine Minute. Du wirst sehen, wie ungewohnt, unangenehm und schwierig das für dich werden wird – für die meisten zumindest. Denn man beschäftigt sich endlich mal fokussiert mit sich selbst. Die Augen sind der Spiegel der Seele. Ist deine Seele unglücklich, wird dir nicht gefallen, was du siehst. Für viele wird das sehr unangenehm sein. Sehr ungewohnt. Doch das kann der Anfang einer Selbstreflexion sein, an deren Ende die Frage steht: Gefällt mir, was ich sehe, und wen sehe ich da eigentlich?

Alleinsein fördert diesen Prozess. Allerdings darf man zwei Dinge nicht verwechseln: Allein sein und einsam sein. Das sind zwei vollkommen unterschiedliche Zustände – einer ist heilsam, der andere zerstörend. Der eine führt zu Selbstreflexion und innerer Ruhe und der andere führt zu Impulsivität sowie Unzufriedenheit. Wer gelernt hat, für sich selbst zu sorgen und innere Zufriedenheit zu finden, betrachtet Gesellschaft zudem als eine Wahl, nicht als eine Notwendigkeit. Viele Menschen lernen nie, allein glücklich zu sein, doch genau diese Fähigkeit ist von unschätzbarem Wert. Wer sich selbst liebt, kann andere lieben. Ohne Liebe zu sich selbst, wird jeder Versuch, anderen Menschen Liebe zu geben, scheitern. Ähnlich der Aufforderung im Flugzeug bei der Sicherheitsanweisung, möchte ich dir hierbei mitgeben: Hilf zuerst dir selbst, bevor du anderen hilfst.

KAPITEL 27

DER ÜBERFALL

„Mit Güte kann man fast jeden Menschen überraschen!“, so lautet ein Zitat von Pearl S. Buck, einer berühmten amerikanischen Schriftstellerin. Und ja – meine Güte, was hat mir diese Eigenschaft schon an Überraschungen im Leben beschert. Ich würde „Güte“ als eine meiner grundlegenden und stärksten Charaktereigenschaften bezeichnen. Etwas, was so unfassbar wichtig ist und dennoch so wenig Anwendung in unserem Alltag findet. Güte – das bedeutet Wohlwollen und Nachsicht. Deine Mitmenschen versuchen zu verstehen und nicht zu attackieren. Güte bedeutet auch Menschlichkeit. Beides ist untrennbar. Güte ist wichtiger als Geld.

Doch in einer Welt voll Geld kommt Güte meist zu kurz. Die meisten Menschen sind auf ihren eigenen Vorteil bedacht, jagen dem Geld hinterher und haben es verlernt, sich in andere Menschen hineinzuversetzen. Ich bin schon immer ein einfühlsamer Mensch gewesen. Ein Mensch, der sich gut in die Lage seiner Mitmenschen hineindenken kann. Ein Mensch, der grundsätzlich etwas Gutes bewirken möchte und daher an das Gute im Menschen glaubt. Diese Fähigkeit rettete mir einmal womöglich sogar das Leben.

•••

Ich bin Mitte zwanzig und mit meinem Papa im Urlaub auf Kuba. Ein Roadtrip. Quer über die Insel. Wir starten in Havanna, holen uns einen Mietwagen und beginnen unseren zweiwöchigen Roadtrip. Tolles Essen, tolle Leute, tolles Land. Doch natürlich auch ein Land voller Armut und Verzicht.

•••

Kurz zur Erklärung: Kuba ist ein kommunistisches Land mit Planwirtschaft. Die Nation ist weitestgehend isoliert und so fehlt es an vielen Dingen im Land – vor allem an Geld. Wenn ich als Tourist in solche Länder reise, begegne ich den Menschen mit Demut. Ich hasse nichts mehr, als Touristen, die sich respektlos gegenüber dem Land und dessen Menschen benehmen. Leider kommt das in solchen eher ärmeren Ländern relativ häufig vor – der deutsche Normalverdiener mit seinen Komplexen kommt in ein Land, in dem er plötzlich ein reicher Mensch ist, und muss diesen erhabenen Umstand natürlich sofort für sich nutzen und prahlen. Die armen Menschen.

Es heißt ja immer, dass Geld den Charakter verderben soll – ich denke, dass Geld eher den echten Charakter bei Menschen herausholt und diesen verstärkt. Wer sich in einem reichen Land als Normalverdiener minderwertig fühlt, der wird das meist auch die Menschen in einem ärmeren Land spüren lassen. Ekelhaft. Ich versuche immer, mit den Menschen ins Gespräch zu kommen. Verständnis zu zeigen. Den Menschen zu sehen, nicht was er ist oder was er hat. Seien wir mal ehrlich – jeder von uns hätte ebenfalls in einem Land wie Kuba geboren werden können. Und dann? Nichts mit Karriere und finanzieller Freiheit. Vieles im Leben hängt auch vom Glück ab. Je mehr Glück man im Leben bisher gehabt hatte, umso gütiger sollte man sein. Mein Papa hat dieselbe Sichtweise aufs Leben und hat mich auch so erzogen.

•••

Der Roadtrip ist wunderschön. Jeden Tag neue Menschen. Jeden Tag neue Landschaften. Jeden Tag ein Prost aufs Leben. Eine der schönsten Stationen unseres Roadtrips ist Trinidad, eine ländliche Kleinstadt mit viel Charme. Hier mieten wir uns bei einer kleinen privaten Pension ein. Wir verbringen den ganzen Tag in der Sonne, gehen essen und auf einen Absacker in eine Bar. Mein Papa ist anschließend müde und beschließt, ins Bett zu gehen. Für mich ist die Nacht aber noch jung. Es gibt eine Sache, die ich unbedingt in Trinidad erleben muss: eine Art Nachtclub in einer Höhle – *die* Attraktion in Trinidad!

Natürlich darf man sich das nicht so modern und professionell vorstellen wie in Amerika oder Europa, aber genau das gefällt mir daran besonders. Den Weg von unserer Pension zum Nachtclub gehe ich zu Fuß durch die kleinen alten Straßen von Trinidad und nach etwa fünfzehn Minuten komme ich an der Höhle an. Beeindruckend! In der Höhle sind neben einigen Touristen vor allem Einheimische und es wird friedlich und ausgiebig gefeiert. Jeder, der schon einmal in der Karibik gewesen ist, weiß, dass ihre Bewohner sehr lebensfroh sind und im Gegensatz zu vielen deutschen Nachtclubs, in denen die Hälfte der Leute stocksteif am Rande der Tanzfläche steht und überfordert an ihrem Cocktail nippt, die Menschen dort ungehemmt tanzen und fröhlich sind. Feiern in der Karibik ist pure Lebensfreude.

Als einer der Letzten verlasse ich die Höhle wieder. Es ist schon spät in der Nacht. Ich habe ein Lächeln auf den Lippen, als ich meinen Weg zurück zur Pension antrete. Es sind nur noch vereinzelt Menschen auf der Straße unterwegs. Es sind ausschließlich Einheimische, die ich auf meinem Rückweg treffe. Ich begrüße sie freundlich auf Spanisch und wünsche ihnen eine gute Nacht. Ich habe in der Schule drei Jahre lang Spanisch gelernt und kann mich daher in spanischsprachigen Ländern einigermaßen gut zurechtfinden.

Abgesehen von den wenigen Menschen, denen ich begegne, schläft die Kleinstadt. Eine angenehme Stille liegt über den Häusern, während mir der Beat des Nachtclubs noch etwas in den Ohren nachhämmert. Die Straßen von Trinidad sind nachts vereinzelt beleuchtet, und es ist interessant, das Städtchen von dieser Seite kennenzulernen.

Als ich noch etwa fünf Minuten von unserer Pension entfernt bin, begegne ich zwei jungen kubanischen Männern, die etwa in meinem Alter sind. Ich wünsche wie gewohnt „Buenas noches!" und will an ihnen weiter vorbeischlendern in Richtung Pension. Doch plötzlich packen mich beide und ziehen mich in eine dunkle Seitengasse. Ich bin völlig geschockt. Ich frage sie, was sie wollen und was los sei. Einer der beiden zeigt auf meine Uhr und verlangt zudem Geld. Ich muss dazusagen, dass ich auf Reisen immer besonders vorsichtig bin. Ich lege niemals eine teure Uhr an und führe auch nie viel Bargeld mit mir. Die Uhr, die ich an diesem Abend trage, ist ein Geburtstagsgeschenk meiner damaligen Freundin gewesen. Der Wert lag bei etwa 100 Euro. Durch einen Tipp meines Papas, der vor allem in jungen Jahren sehr viele zentralamerikanische Länder bereist hat, habe ich zudem mein Bargeld, noch etwa 20 Dollar, in einer unauffälligen kleinen Bauchtasche unter meinem Hosenbund.

Die beiden Kubaner werden vehementer und fordern mich noch deutlicher auf, nun endlich meine Uhr und mein Geld herauszurücken. Ich habe natürlich nicht vor, mein Leben für die Uhr und das wenige Geld zu riskieren, und ich bin kurz davor, ihnen beides bereitwillig auszuhändigen. Doch ich spüre etwas. Ich spüre, dass das nicht so enden muss. Die beiden Kubaner sind natürlich nicht freundlich zu mir – schließlich versuchen sie gerade, mich auszurauben. Doch ich spüre, warum sie es tun. Ich kann Menschen lesen. Ich habe gelernt, mich in andere Menschen hineinzuversetzen. Situationen aus einer übergeordneten Metaebene zu betrachten. Gelassen zu bleiben in Momenten, in denen die meisten Menschen gestresst werden und überreagieren. Also lächle ich. Die beiden jungen Männer sehen sich fragend an. Ich sage meinen Namen und strecke dem einen der beiden Kubaner meine Hand entgegen. „Wie ist dein Name?“, frage ich ihn freundlich auf Spanisch. Noch mehr Ratlosigkeit. Sie versuchen es wieder mit der Forderung nach Uhr und Geld.

Ich fange an, ihnen zu erklären, dass die Uhr ein Geschenk meiner Freundin ist und sie deshalb verstehen sollen, dass ich sie ihnen leider nicht geben kann. Dann frage ich direkt, ob sie auch eine Freundin haben und das bestimmt nachvollziehen könnten, wenn sie an meiner Stelle wären. Ich merke, wie die beiden ruhiger werden. „Ihr lebt im Paradies!“, gratuliere ich den beiden dann. Einer der beiden schüttelt ungläubig den Kopf und fragt mich verwundert: „Woher kannst du so gut Spanisch sprechen? Und warum bist du so freundlich zu uns?“

Ich lächle erneut und strecke ihm wieder meine Hand entgegen. Er erwidert nun den Handschlag. „José. Ich heiße José“, sagt er mit ruhiger Stimme. Sein Freund stellt sich als Alvaro vor. Die Stimmung ist von jetzt auf gleich entspannt. Ich frage sie noch, wie alt sie sind, wie ihr Leben in Trinidad sei, und schwärme ihnen vom Roadtrip meines Papas und mir vor und davon, wie sehr Kuba unser Herz erobert hat.

Ich komme mit José und Alvaro immer mehr ins Gespräch. Zwei tolle Menschen. Sie haben viel zu erzählen und ich bekomme das Gefühl, dass sie mich als Menschen ebenfalls akzeptieren. Wir unterhalten uns bis früh in den Morgen. Sie erzählen von Armut, von ihrer Familie und von ihren Träumen. Wir lachen und wir weinen gemeinsam. Ich habe selten ehrlichere, tiefgründigere und herzlichere Gespräche in meinem Leben geführt. Und das trotz der kleinen Sprachbarriere. Am Ende der Nacht fallen wir uns in die Arme und verabschieden uns. José und Alvaro bieten mir noch an, dass sie meinem Papa und mir eine kostenlose private Tour durch ihr Trinidad geben möchten. Unsere Liebe zu Kuba hat sie sehr geehrt.

●●●

Ich werde die beiden nie vergessen. Die Uhr habe ich noch heute. Die schöne Erinnerung ebenfalls. Und auch die Erkenntnis, dass es einen Menschen bereichert, wenn er viele Sprachen erlernt. Spanisch hatte mir hier enorm weitergeholfen. Doch die wichtigste Sprache kann man nicht erlernen, man muss sie fühlen. Die Sprache des Herzens: Güte. Ich hatte ihnen gegenüber Güte gezeigt und sie mir gegenüber. Güte war hier der ausschlaggebende Punkt. Den Menschen als Menschen zu sehen. Sich zu fragen, warum der Gegenüber etwas tut. Verständnis zu zeigen. Freundlich zu bleiben. Eine persönliche Ebene finden. Natürlich ist das nicht auf jede Situation im Leben anwendbar und der Überfall hätte auch ganz anders ausgehen können. Aber zumindest der Versuch, Güte zu zeigen und gütig zu handeln, wird dich im Leben öfter weiterbringen, als du vielleicht denkst.

KAPITEL 28

DIE CURRYWURSTBUDE AUF DEN MALEDIVEN

Die Eine-Million-Dollar-Idee – die hätte wohl jeder gerne. Doch wie kommt man auf solche Geschäftsideen? Das möchte ich dir in diesem Kapitel erklären. Die Grundlage einer jeden Selbstständigkeit ist eine gute Idee. Eine Idee, mit der du Geld verdienen kannst. Doch da hört es bei den meisten schon auf. Man kann mit vielen Dingen auf der Welt Geld verdienen. Doch viele Menschen, die sich mit einer Idee selbstständig machen, haben leider nur das Geldverdienen bedacht. Wenige machen sich wirklich Gedanken, wie sehr diese Idee auch Geld und Kraft kosten wird. Wie lange es dauern wird, bis man gut davon leben kann. Frei nach dem Motto: „Das wird schon" verzweifeln viele nach einigen Monaten und schmeißen wieder hin, wenn ihnen das Geld oder die Kraft ausgeht – ähnlich wie bei meiner eigenen ersten Selbstständigkeit.

Ich sehe oft, dass Menschen eine Selbstständigkeit eher als Erfüllung eines Traums sehen und nicht als eine ernste, anstrengende Prozedur. Geschäftsideen, die aus Träumereien entstehen, scheitern meist, da die Idee an sich nicht objektiv und kritisch genug betrachtet und so glorifiziert wird. Eine gute Geschäftsidee darf gerne persönliche Erfüllung bringen, aber erst an zweiter Stelle, an erster Stelle muss immer die Wirtschaftlichkeit stehen.

Ich habe beispielsweise auch in den letzten Jahren eine Träumerei entwickelt: Eine Currywurstbude auf den Malediven. Wäre das nicht skurril und fantastisch zugleich? Man würde eine Nische bedienen, die eventuell sehr erfolgreich sein könnte, und gleichzeitig würde man im Paradies leben können? Fakt ist: Viele Resorts bieten bereits Vollverpflegung an, die Entfernungen auf den Inseln sind teilweise hunderte Kilometer, das Geschäft hätte massive saisonale Schwankungen und am Ende des Tages würde der Stundenlohn wohl deutlich unter dem deutschen Mindestlohn liegen. Es bleibt wohl bei der Träumerei. Falls nicht, gebe ich auf jeden Fall dem Fernsehformat *Goodbye Deutschland* vorher Bescheid. Dort sieht man meistens genau die von mir eben beschriebenen Träumereien, gepaart mit wenig Rücklagen sowie nicht vorhandenen Sprachkenntnissen für das gewünschte Land. Eine gute Sendung, um unternehmerisch zu lernen, wie man es nicht machen sollte.

Doch genug der Warnungen. Wie komme ich nun auf gute Geschäftsideen? Am Anfang einer guten Geschäftsidee steht zuallererst immer eine entscheidende Frage: Wo gibt es ein Problem? Richtig gelesen: Wir suchen keine Träumereien, wir suchen Probleme. Denn jede gute Geschäftsidee löst ein Problem. Je größer das Problem, umso mehr Geld lässt sich potenziell damit verdienen. Dabei können die Probleme vielseitig sein: Eine Büroklammer hilft, dass Papier zusammenhält. Ein Imbiss am Bahnhof hilft, den schnellen Hunger der gestressten Bahnreisenden zu stillen. Ein Medikament hilft, eine Krankheit zu besiegen. Du siehst, es können teilweise auch ganz banale Dinge gute Geschäftsideen sein, solange sie ein Problem lösen.

Eltern geben einem ja oft den Rat, dass man sich von Problemen fernhalten soll. Ich gebe dir heute den genau umgekehrten Rat: Gehe mit offenen Augen durch die Welt und suche nach Problemen! Mein nächster Rat wäre: Leg dir einen Notizblock zu. Sei es digital in deinem Handy oder klassisch analog. Ideen kommen und gehen. Ein Geistesblitz, eine Eingebung, und zack, klingelt das Handy und du vergisst, was dir eben eingefallen ist. Das darf dir nicht passieren! Ich führe, seitdem ich vierzehn Jahre alt bin, ein System aus Notizen, sowohl in meinem Handy als auch mit kleinen Zetteln. Jede Idee, und sei sie auch nur winzig klein, wird aufgeschrieben und archiviert. Wenn ich in meinem Handy das Wort „Geschäftsidee" suche, erscheinen aktuell etwa 3.267 Einträge. Ja, richtig gelesen, ich habe so viele Geschäftsideen in meinem Handy abgespeichert. Werden all diese Ideen von mir auch umgesetzt? Mit Sicherheit nicht. Aber es reicht schon, dass ich diesen Schatz an Ideen habe. Selbst wenn eine Idee bis jetzt nicht ausgereift sein mag, so könnte sie in der Zukunft durch geänderte Umstände oder durch die Kombination mit einer anderen Idee doch noch erfolgreich umgesetzt werden. Baue dir also auch einen Schatz an Ideen auf.

Neben dem digitalen Ideen-Archiv habe ich bei einem Besuch meiner Familie in Deutschland vor ein paar Monaten im Keller meines Elternhauses einen Ordner gefunden, der rund 700 Zettel mit Geschäftsideen von mir aus meiner Jugend beinhaltet. Teilweise lustig zu lesen, teilweise aber auch echt genial. Eine dieser

Ideen war beispielsweise, dass man alltägliche Verbrauchsgegenstände wie Toilettenpapier Blatt für Blatt mit Werbung bedrucken lässt. Firmen würden also dafür bezahlen, dass ihre Werbung auf dem Klopapier landet. Durch diese bezahlte Werbung könnte man das Toilettenpapier extrem preiswert oder eventuell sogar komplett kostenlos anbieten. Man löst zwei Probleme: Zum einen das Problem der Unternehmen, wie sie kostengünstig und innovativ werben können, und zum anderen können Verbraucher dadurch Geld sparen. Wunderbar. Warum setze ich es nicht persönlich um? Ganz einfach, und das ist die nächste Lehre: Jeder Mensch hat begrenzte Ressourcen. Sei es Geld, Kontakte oder vor allem auch Zeit. Ich habe mir bereits über die letzten Jahre mehr als achtzehn Einnahmequellen aufgebaut. Ich nutze meine Ressourcen effizient. Die Geschäftsideen, die am wenigsten Input benötigen für den maximalen Output, die setze ich um. Da gehört das Toilettenpapier leider nicht dazu.

Ein weiterer wichtiger Punkt bei der Ideenfindung: Sei kreativ. Ich weiß, dass jeder Mensch unterschiedlich ist. Nicht jeder ist kreativ. Hier habe ich ebenfalls eine Empfehlung: Erweitere deinen Horizont. Das meine ich ganz wörtlich. Man sagt ja immer so schön, dass wir zwar alle unter der gleichen Sonne leben, aber nicht jeder denselben Horizont hat. Das kann man als versteckte Beleidigung sehen oder aber auch als einfache Tatsache, denn viele meiner Geschäftsideen sind auch beim Reisen entstanden. Andere Länder. Andere Menschen. Andere Eindrücke. Aber auch andere Probleme.

Ein bekanntes Beispiel dafür ist der Erfinder des milliardenschweren österreichischen Unternehmens *Red Bull*, Dietrich Mateschitz. Dieser reiste in den 80ern nach Thailand und entdeckte das eher unbekannte Getränk *Krating Daeng*, welches seinen Jetlag milderte. Mateschitz war so begeistert von diesem Getränk, dass er eine Partnerschaft mit dem thailändischen Erfinder einging, dem Getränk noch Kohlensäure zusetzte und mit Marketing in Europa begann. Der Anfang eines riesigen Erfolges. Eine Idee, die es niemals gegeben hätte, wäre Mateschitz in den 80ern nicht nach Thailand geflogen.

Auch einige meiner besten Ideen sind im Ausland entstanden. Zufälligerweise auch in Thailand. Das liegt aber weniger an einem ausgefallenen Getränk, welches ich dort entdeckt habe, sondern viel mehr an den Personen und den Umständen vor Ort, die mich dabei inspiriert haben.

Ich war unzählige Male bereits mit Tobi, meinem besten Freund aus Deutschland, in Thailand, und wir haben dort viel gemeinsam erlebt und auch viel gefeiert. Doch genau durch diese ausgelassene Stimmung, diese Freiheit und auch spätnächtliche Gespräche bei einem kühlen *Singha* Bier und Snacks vom Streetfood-Stand nebenan hatten wir die besten Geschäftsideen. Das Reisen regte unsere Kreativität an. Wir waren raus aus dem Alltag. Drin im Abenteuer. Sammelten Eindrücke und schmiedeten Pläne. Viele dieser Ideen haben wir im Nachhinein erfolgreich umgesetzt und sie bringen mir heute gutes Geld. Die besten Ideen entstehen meiner Meinung nach auch nicht in Meetingräumen in einem seelenlosen Wolkenkratzer, sondern in den Momenten, in denen wir voll und ganz das Leben und die Freiheit spüren.

Am Ende des Tages musst du dich aber natürlich aktiv auf die Suche nach Ideen machen. Probleme suchen, Lösungen finden, deinen Horizont erweitern und es am Ende auch wagen. Wer nicht wagt, der nicht gewinnt, und wer nicht mutig ist, wird den Rest seines Lebens für die Ideen anderer arbeiten. Trau es dir zu und starte noch heute damit, und du wirst sehen, dass es mehr gute Ideen auf der Welt gibt als Wassermoleküle in den Weltmeeren – und am Ende wirst du für deine Ideen belohnt werden und kannst damit im besten Fall auch noch deine Träume erfüllen – auch wenn es letztlich eben die eigene Currywurstbude auf den Malediven ist.

KAPITEL 29

DIE BEDEUTUNG VON BEGEGNUNGEN

In der Welt der Erfolgssprüche gibt es so einige Perlen wie beispielsweise „Your network is your net worth“, also sinngemäß „Dein Netzwerk ist dein Vermögen“ oder auch die Aussage, dass man selbst immer der Durchschnitt seiner fünf engsten Menschen im Leben ist. Quintessenz beider Sprüche: Umgebe dich mit erfolgreichen Leuten und du wirst ebenfalls erfolgreich. Doch ist das tatsächlich so? Für die Antwort möchte ich meine ganz persönliche Geschichte und Entwicklung betrachten und den Anteil meines Umfelds an meinem Erfolg beleuchten. Bin ich heute nur erfolgreich wegen anderer Menschen oder habe ich es allein geschafft?

Wenn du an dieser Stelle des Buchs angelangt bist, dann weißt du bereits, dass ich zahlreiche positive Einflüsse auf mein Leben durch andere Personen hatte. Angefangen bei meinem behüteten Elternhaus, über meine Familie bis hin zu meinem besten Freund Tobi. Auch meine (Ex-)Partnerinnen, allen voran meine letzte und besonders meine aktuelle Freundin, haben bisher durch ihre Unterstützung – und sei es nur seelisch – zu meinem Erfolg beigetragen.

Ja, mein Umfeld ist mir wichtig und stützt mich seit jeher bei meiner Erfolgsgeschichte. In dieser Hinsicht kann ich für mich feststellen, dass ein positives Umfeld einen positiven Effekt auf meinen Erfolg hatte. Für meine Familie kann ich nichts, es war Glück, dass ich dort hineingeboren wurde. Das Aufwachsen in einem soliden Land wie Deutschland hat ebenso seinen Teil dazu beigetragen. Ich hatte gute Umstände für den Start und dafür bin ich dankbar. Freunde sucht man sich aus, hier kann man also selbst auch viel beeinflussen, und ich handhabe es nach zwei konkreten Regeln: Zum einen lieber quantitativ wenige Freunde, dafür mit umso höherer Qualität und zum anderen darf mir eine Person in der Gesamtheit nicht mehr Energie entziehen, als sie mir auch gibt – im besten Fall ist das Energielevel ausgeglichen.

Freunde und Familie sind aber nicht der ausschlaggebende Grund für Erfolg, und ich kenne auch genügend Beispiele von Bekannten, bei denen das beste Umfeld nicht unbedingt zu Erfolg, sondern teilweise auch genau zum Gegenteil geführt hat. Ein gutes Umfeld kann Erfolg immer nur begünstigen und ist niemals ein Garant dafür. Den Hauptanteil auf dem Weg zum Erfolg bestimmst du selbst. Du bist die Person, die ihre Komfortzone verlässt, du bist die Person, die nachts an ihrer Zukunft arbeitet, während andere faul auf dem Sofa liegen, und du bist die Person, die das Risiko eingeht. Du bist aber auch die Person, die sich ihr Umfeld aussucht. Du willst ein besseres Leben, dann wähle auch ein Umfeld, das dich auf dieser Mission unterstützt. Du kämpfst den Kampf, aber weißt, dass dir dein Umfeld den Rücken stärkt.

Dass ich mein enges Umfeld gewollt eher klein halte, heißt allerdings nicht, dass ich anderen Menschen aus dem Weg gehe – im Gegenteil! Ich suche aktiv Begegnungen. Genauso wie beim Reisen können neue Begegnungen deinen Horizont erweitern. Du erhältst neue Blickwinkel auf deine Geschichte und wirst durch andere Erfahrungen inspiriert. Suche Begegnungen!

•••

Eine ganz besondere Begegnung habe ich im Januar 2022 gemacht. Ich bin gerade frisch nach Dubai ausgewandert und in den Burj Khalifa eingezogen. Als ich mit dem Taxi und meinen drei Koffern im Empfangsbereich ankomme, bin ich extrem aufgeregt. Dort werde ich von einem der zahlreichen Concierges herzlich begrüßt – sein Name ist Basanta, ein junger Nepalese mit souveränem Auftreten. Er hilft mir mit meinem Gepäck und heißt mich freundlich willkommen im höchsten Gebäude der Welt. Ein toller Mensch. Wir verstehen uns von Anfang an sehr gut und tauschen auch unsere Handynummern aus. Jedes Mal, wenn wir uns im Burj Khalifa sehen, geben wir uns die Hand und erzählen uns, was in unseren Leben gerade so passiert. Eine nette kleine Freundschaft.

Im Dezember 2023 warte ich wie so oft im Eingangsbereich des Burj Khalifa auf ein Taxi. Basanta sieht mich dort warten und begrüßt mich, bevor er mir eröffnet, dass er nur noch wenige Wochen im Burj Khalifa arbeiten wird. Das macht mich traurig. Doch der Grund für seinen Wandel ist ein schöner: Er wolle sein eigenes kleines Restaurant in Dubai eröffnen, auf welches er seit seiner Auswanderung von Nepal nach Dubai vor vielen Jahren gespart hat. Ich beglückwünsche ihn und sage ihm aber auch, dass ich unsere Begegnungen im Burj Khalifa vermissen werde. Als ich anschließend im Taxi zu meiner Verabredung fahre, schreibe ich ihm eine kurze Nachricht, in der ich ihm nochmals meine besten Wünsche für seinen Traum ausspreche und anmerke, dass ich jederzeit als Unterstützer oder Investor für ihn zur Verfügung stehe. Diese Nachricht hat ihn sehr gerührt und wir verabreden uns am Folgetag in einem Café, um über eine potenzielle Partnerschaft zu sprechen. Und tatsächlich passt es von Anfang an. Wir ergänzen uns perfekt – er mit seiner Passion für seinen Traum, seiner herzlichen Art und seinem Fleiß und ich mit meinem unternehmerischen Denken, meiner Erfahrung und weiteren finanziellen Mitteln, um das Restaurant auf einem noch stabileren finanziellen Fundament aufzubauen. Gesagt, getan: In den folgenden Monaten planen, bauen und eröffnen wir das Restaurant gemeinsam und sind bis heute Freunde sowie auch unternehmerisch ein tolles Team, das sich perfekt ergänzt.

•••

Mit dem unscheinbaren ehemaligen Concierge im Burj Khalifa, der aus einem kleinen asiatischen Land stammt, über wenig finanzielle Mittel verfügte und von vielen unterschätzt wurde, habe ich bis heute weitaus bessere Erfahrungen – vor allem auch unternehmerisch – gemacht als mit vielen auf den ersten Blick erfolgreichen „Überfliegern". Sei also sehr selektiv mit deinem Umfeld und suche lieber echte Qualität anstatt Quantität. Ein schlechtes Umfeld kann dich auch sehr negativ beeinflussen. Gerade in Deutschland kennt man den Begriff „Neidgesellschaft" sehr gut. Selbst die wohlwollendsten Freunde und Bekannten können in den meisten Fällen schnell zu Widersachern deines Erfolges werden. Das ist psychologisch bedingt.

Stell dir vor, du wächst in einer Gruppe von Menschen auf, die alle in etwa denselben gesellschaftlichen Status haben. Dieselben

Träume. Dieselben Probleme. Und plötzlich wagt es einer auszubrechen. Nicht nur über die Träume zu sprechen, sondern zu beginnen, an ihnen zu arbeiten. Das wird die anderen aufschrecken. Das wird den anderen ein schlechtes Gewissen machen, warum sie noch in ihrer Komfortzone sind und die andere Person fleißig ist. Er war doch schon immer einer von uns!, wird dann der Gedanke sein oder: Warum sollte es ihm bald besser gehen als uns?. Wie wird also die Reaktion des Umfelds in den allermeisten Fällen ausfallen? Richtig: Am Anfang wird man belächelt. Es wird einem eingeredet, dass man es vermutlich eh nicht erreichen wird und es unmöglich ist. In dieser Situation fangen dann viele an, ihren gewonnenen Schwung wieder zu verlieren, weil sie an der Reaktion ihres Umfelds brechen und ins Zweifeln kommen, und reihen sich wieder schön in die Bedeutungslosigkeit des Durchschnitts ein. Mission erfolgreich erreicht für das Umfeld.

Sollte man aber weitermachen und trotzdem an seinem Traum weiterarbeiten, so wird man im nächsten Schritt oft immer unbeliebter in seinem Umfeld und erfährt vielleicht sogar Ausgrenzung. Dein Umfeld sieht dich nicht mehr als „einen von ihnen". Gut gemacht – du hast nun erkannt, wer deine echten Freunde sind und wer nicht. So ein Prozess des Aufbruchs kann also nicht nur hinsichtlich deines persönlichen Erfolges förderlich sein, sondern auch dein Privatleben aufräumen und optimieren. Die Zauberformel für dein Umfeld und somit auch für Unterstützung auf deinem Weg zum Erfolg lautet also: Sei maximal offen für jede Begegnung, aber radikal selektiv in deinem engen Umfeld.

KAPITEL 30

IST „INFLUENCER“ EINE KRANKHEIT?

Während ich gerade diese Zeilen schreibe, liege ich gemütlich auf einer Sonnenliege eines Beachclubs am Strand in Dubai und schlürfe genüsslich aus einer Kokosnuss. Es ist angenehm warm und ich habe keine Sorgen. Am gestrigen Tag habe ich mit einer Kryptoinvestition einen kleinen sechsstelligen Gewinn erzielen können. Ich kann mir ein Lächeln nicht verkneifen. Es ist nicht viel los im Beachclub, da es Dienstagmittag ist und auch in Dubai die meisten Menschen um diese Uhrzeit arbeiten müssen. Was für ein angenehmer Tag. Doch plötzlich ein lauter Schrei von der Seite – ich schaue mich um und versuche herauszufinden, was passiert ist. Zunächst ist die Situation unklar, doch dann sehe ich den Grund für den Schrei: Eine leicht bekleidete junge Dame, die sich auf ihrer Sonnenliege rekelt und sich mit zerlaufener Schokolade einschmiert. Vor ihrer Liege steht ein Stativ mit aufgestecktem Smartphone.

Ich verdrehe die Augen. Wieder so eine Influencerin. Ich bin allergisch auf Influencer. Für mich und, ich glaube, auch einen Großteil der Weltbevölkerung sind Influencer eine der nervigsten Erscheinungen der letzten Jahre. Ja, ich weiß, sehr skurril, da ich ja quasi selbst ein Influencer bin, aber meine Zunft so sehr verachte. Ich würde mich allerdings selbst niemals als Influencer bezeichnen. Influencer stellen sich selbst dar. Ich tue genau das Gegenteil – ich trage eine Maske, um exakt diese Selbstdarstellung zu vermeiden. Ich bekomme seelischen Brechreiz, wenn ich auf Social Media gehe und sehe, wie sich unangenehm unsympathische Menschen vor der Kamera aufführen, nur um Likes und Kommentare zu erbetteln. Natürlich gibt es auch guten Content und inspirierende Geschichten auf Social Media und ich möchte auch nicht wie ein verbitterter alter Herr klingen, der auf die heutige Jugend schimpft. Aber ich denke, Social Media hat heutzutage Ausmaße angenommen, die nicht mehr gesund sind. Ich kann verstehen, dass die Mehrheit der Menschen genervt von ihnen ist. Denn auf den ersten Blick ergibt es keinen Sinn, dass ein Influencer, der sich in Dubai am Strand nebenbei mit Schokolade eincremt und das filmt, eventuell das Zehnfache eines hart arbeitenden Bauarbeiters in Deutschland verdient.

Es ist grotesk. Aber es ist gerechtfertigt. Ja, es ist gerechtfertigt, dass das besser bezahlt wird. Und ich wünschte mir tief im Herzen, dass es nicht so wäre. Aber wenn man es rein objektiv betrachtet, verhält es sich so: Die Schoko-Influencerin erzielt enorme Reichweiten, sagen wir mal, sie erreicht eine Million Menschen im Monat. Dabei bewirbt sie zum Beispiel Dubai-Schokolade, die ja recht teuer ist. Sagen wir, eine Tafel kostet fünfzehn Euro. Das Unternehmen hinter der Schokolade verdient pro verkaufter Tafel nach Abzug aller Kosten etwa acht Euro. Die Influencerin schafft es, etwa fünf Prozent ihrer Reichweite zu Käufern der Schokolade zu konvertieren. Sie wirbt also 50.000 Kunden. Das wären 400.000 Euro Gewinn für das Unternehmen. Selbstverständlich hat sie dann einen Anspruch auf eine Vergütung durch das Unternehmen, die durchaus im Bereich von etwa 40.000 Euro liegen könnte. Einfach so? Nein, eben nicht einfach so. Sie schafft durch ihren auf den ersten Blick unsinnigen Content eine Reichweite, mit der sie echten Mehrwert für Unternehmen und Umsätze schafft. Sind die 40.000 Euro also gerechtfertigt? Ja absolut. Nehmen wir zum Vergleich den Bauarbeiter, der körperlich hart arbeitet – er wird ebenfalls etwa 40.000 Euro verdienen, allerdings nicht im Monat, sondern im Jahr. Ist das gerechtfertigt? Auf den ersten Blick nein, auf den zweiten Blick jedoch schon. Er übt eine wichtige, aber vergleichsweise leicht zugängliche Tätigkeit aus, die keine lange formale Ausbildung erfordert und daher von vielen Menschen übernommen werden kann. In der Logik des Unternehmens gilt er damit weniger als direkter Umsatztreiber, sondern eher als Kostenfaktor – auch wenn seine Arbeit für das Funktionieren des Ganzen unverzichtbar ist. Daher verdient insbesondere der Vertrieb eines Unternehmens meist am besten. Es mag also von der Schwere der Arbeit her auf den ersten Blick ungerecht wirken, ist aber objektiv rein betriebswirtschaftlich gerechtfertigt.

Man darf auch nicht vergessen, dass der „Influencer" zwar ein relativ neuer Beruf der letzten Jahre ist, aber sein Dasein eigentlich nur eine weitere Stufe auf der Treppe der Evolution des Marketings darstellt: Vom Marktschreier, zur Zeitung, zum Radio, zum Fernsehen und nun zum Influencer. Wenn früher ein Fernsehsender eine Million Menschen erreicht hat, dann hat sich keiner über eine Marketingzahlung von 40.000 Euro beschwert. So ehrlich muss man sein. Trotz all dieser nachvollziehbaren Gründe und Tatsachen, fühle ich trotzdem subjektiv wie die Mehrheit der Gesellschaft: Die meisten Influencer auf Social Media braucht diese Welt nicht. Wenn ich mir beispielsweise die Influencer aus meiner Branche ansehe, die sogenannten „Finfluencer", dann würde ich sagen, dass 99 Prozent keinen wirklichen Mehrwert schaffen, sondern lediglich aktiv sind, um in ihre eigene Tasche zu wirtschaften und sich selbst darzustellen. Was ist der Mehrwert eines Finfluencers? Der Mehrwert sollte sein, finanzielle Bildung zu vermitteln und Tipps zu geben, wie man im besten Fall den Markt outperformen kann. Finanzielle Bildung – ja, wenn der hunderttausendste Finfluencer mal wieder einen Post gemacht hat über „Was ist ein ETF" oder eine oberflächliche Auflistung verschiedener Aktien, die schon eine gewisse Zeit eine Dividende zahlen – dann kann man das einen „Bildungsauftrag" nennen oder aber auch einfach „unnötig" und „nicht zielführend".

Die meisten Finfluencer sind selbst mehr Entertainment als Bildung oder Mehrwert. Mein Bestreben war es von Anfang an, dass ich es anders machen werde als die bisherigen Finfluencer. Keine Selbstdarstellung, ausschließlich Mehrwert. Ich zeige auf Social Media jeden einzelnen Cent, den ich von meinem eigenen Geld investiere, und gehe transparent mit meiner Rendite um – die tatsächlich den Markt schlägt. Wenn ich dann teilweise aber immer mal wieder Nachrichten erhalte, warum ich denn eine Maske trage und mein Gesicht nicht zeige und man mir deshalb nicht bei Finanzen trauen würde, dann antworte ich immer: Ich bin absolut intransparent, was mein Gesicht angeht, dafür aber einhundert Prozent transparent, was meine Finanzen angeht – wäre es dir lieber, wenn es andersrum wäre, so wie bei den restlichen Finfluencern? Dann ist meistens Ruhe und mir wird recht gegeben.

Ich hasse Selbstdarstellung. Jeder Mensch ist gleich, keiner ist besser als der andere. Die meisten Influencer müssten neben ihren Marketingfähigkeiten vor allem an ihrer persönlichen Demut arbeiten. Dann wäre die Akzeptanz in der Gesellschaft auch höher.

Aber dieser Wunsch ist eine Illusion, da der Kern von Social Media auf der Selbstdarstellung beruht – und wer zeigt sich schon gerne demütig. Abschließend möchte ich dennoch einen positiven Aspekt in Bezug auf Social Media hervorheben: Social Media hat einer ganzen Generation eine Möglichkeit eröffnet, sich relativ leicht ohne große Hürden und Kosten selbstständig zu machen, Unternehmer zu werden und etwas zu erschaffen. Das ist extrem positiv. Zudem ist der Mensch von Geburt an ein „Erschaffer". Es liegt in unserer Natur, uns zu entwickeln und etwas in unserem Leben zu erschaffen. Sei es eine Familie, Selbstverwirklichung oder eben ein Unternehmen. Ein Mensch, der nichts erschafft und nur auf der Stelle tritt, wird über kurz oder lang unglücklich. Es ist also nichts Falsches daran, ein Influencer sein zu wollen, denn es liegt in unserer Natur, zu erschaffen. Doch wenn es geht – erschaffe doch bitte etwas Sinnvolles.

KAPITEL 31

MEIN GLAUBE

Ich wurde getauft. Ich wurde konfirmiert. Ich bin aus der Kirche ausgetreten. So kann man es formell kurz und knapp beschreiben und das Kapitel wäre schon zu Ende. Doch hinter dem Wort „Glauben" steckt so viel mehr als nur kirchliche Rituale oder Gott. Ich bin kein gläubiger Mensch. Ich glaube nicht an Gott. Ich bin ein spiritueller Mensch. Ich glaube an die Eigenverantwortung des Individuums und unendliche Möglichkeiten. Ich würde allerdings niemals die Kirche schlechtreden oder versuchen, jemanden zu bekehren. Man muss es differenziert betrachten: Viele Dinge in der Kirche verachte ich – angefangen bei den Ablassbriefen aus dem Mittelalter, über die Skandale um Pfarrer und Priester bis hin zu der allgemeinen Frage, warum die Kirche Prachtbauten wie den Vatikan oder ihre unzähligen Kirchen weltweit mit Prunk, Gold und Marmor bauen musste, aber nicht genügend Geld hat, um beispielsweise den Welthunger zu beenden. Aber die Kirche bewirkt auch viel Gutes: Sie arbeitet karitativ in einem gewissen Umfang an den Problemen unserer Welt und bietet auch vielen Menschen Trost und Hoffnung. Und genau das ist der Punkt: Trost und Hoffnung. Glaube ist etwas Individuelles, und wenn eine Person etwa den Glauben an einen Gott oder die Kirchenbank in einer prunkvollen Kirche benötigt, um Trost und Hoffnung zu verspüren, dann ist Glaube etwas Gutes und es gibt keinerlei Grund, zu versuchen, diese Person von etwas Gegenteiligem zu überzeugen.

Ich hatte eben geschrieben, dass ich ein spiritueller Mensch bin. Bitte stell dir mich jetzt nicht mit Räucherstäbchen, Dreadlocks und Klangschale auf Bali vor – davon bin ich sehr weit entfernt. Das meine ich somit nicht mit Spiritualität. Ich habe mal ein Buch gelesen vom indischen Yoga-Meister Sadhguru, es heißt „Die Weisheit eines Yogi". Ich möchte mich gerne auf eine Passage dieses Buches beziehen, die sehr gut beschreibt, was ich unter meiner „Spiritualität" und meinem „Glauben" verstehe.

In dem Buch beschreibt Sadhguru die Situation einer Baustelle vor einem Bordell in London. Auf dieser Baustelle arbeiten zwei erzkatholische, irische Bauarbeiter. Sie sehen, wie still und heimlich ein protestantischer Pfarrer im Bordell verschwindet. Sie schütteln mit den Köpfen und sagen sich: „Tja, was kann man von einem Protestanten schon anderes erwarten?“ Daraufhin sehen sie einen Rabbi schnellen Schrittes in das Bordell eintreten. Die beiden Bauarbeiter schütteln wieder verächtlich ihre Köpfe. Anschließend sehen sie den katholischen Bischof des Ortes – dieser blickt sich kurz um, zieht seinen Umhang enger und betritt ebenfalls das Bordell. Die beiden Bauarbeiter sehen sich mit weit geöffneten Augen gegenseitig an und der eine sagt zum anderen: „Da muss eins von den Mädels aber sterbenskrank sein!“

Strikter Glaube verengt deine Wahrnehmung wie Scheuklappen. Du siehst die Welt wie durch einen Filter, der Dinge vorab bewertet und einschließt oder ausschließt. Du beraubst dich damit deiner eigenen Freiheit, zu bewerten, zu entscheiden und zu handeln. Man lebt ein Leben vorgegebener Richtwerte und verinnerlicht diese meist von Geburt an durch Familie, Freunde und Gesellschaft so sehr, dass sich Unfreiheit plötzlich richtig anfühlt. Noch einmal – ich habe nichts gegen die Kirche, wenn sie einem Menschen guttut. Aber für mich schließt die Kirche zu vieles aus. Gute Menschen und Sünder. Erlaubt und nicht erlaubt. Für mich – und so schreibt es auch Sadhguru in seinem Buch – ist der kirchliche Glaube zu eng mit dem Thema „Moral“ und einem zu engen Regelwerk verbunden, was dazu führt, dass der Mensch unfrei wird und vieles aus seinem Leben ausschließt.

Spiritualität hingegen legt den Fokus auf das „Einschließen“ von Dingen und Erfahrungen. Erfahrungen sammeln. Freiheitlich leben. Lernen. Eine ganzheitliche Betrachtung des Lebens und ein Streben nach Glück, Erfüllung und Freiheit anstelle von Beten, Hoffen und altertümlichen Regeln. Glaube hat schon viele Kriege verursacht – Spiritualität noch keinen einzigen. Glauben ist Unwissenheit und Wissen ist Macht. Der Grund, warum so viele Menschen auf diesem Planeten gläubig sind, ist oft Unwissenheit. Und das ist auch der Grund, warum in den letzten Jahren immer mehr Menschen ihren Glauben verlieren und aus der Kirche austreten. Wer im Mittelalter nicht verstand, warum sich die Sonne plötzlich am helllichten Tag verdunkelt hat, der hat das – angeleitet von der Kirche – mit bösen Geistern begründen können. Glaube hat also eine Art Beruhigung für etwas geschaffen, was man sonst nicht hätte erklären können.

In der heutigen Zeit, der Zeit des Internets und KI wie *ChatGPT*, kann der Mensch sich fast alles Wissen der Menschheit mit ein paar wenigen Klicks beschaffen. Wir werden wissender. Mehr Wissen bedeutet dann auch weniger Glauben. Natürlich bleiben trotzdem einige essenzielle Fragen offen, wie beispielsweise „Wie ist die Welt entstanden?“ oder „Was kommt nach dem Tod?“. Kann ich diese Fragen beeinflussen? Nein. Wissenschaftler arbeiten daran. Doch für mich sind diese Fragen irrelevant. Ich weiß, dass wir in einer faszinierenden Welt leben, mit unzähligen Wundern und Geschichten, die es zu erleben gilt. Ich weiß, dass ich jedem Tag die Chance geben werde, der schönste meines Lebens zu werden. Und hier liegt vielleicht auch der grundlegende Unterschied zwischen „Glaube“ und „Spiritualität“ – Gläubige beschäftigen sich zu Lebzeiten damit, was nach dem Leben kommt, während Spirituelle sich zu Lebzeiten mit dem Leben beschäftigen.

KAPITEL 32

ICH WOLLTE NIE NACH DUBAI

„Habibi, come to Dubai!“ – so lautet der wohl bekannteste Spruch, wenn es um Dubai geht, und dieser Aufforderung folgen jedes Jahr mehr und mehr Touristen, aber auch Menschen, die in dem Emirat arbeiten und leben wollen. Ich selbst arbeite und lebe seit dem 28. Dezember 2021 in Dubai. Skurril, wenn man überlegt, dass ich nur wenige Jahre zuvor noch nicht einmal Urlaub in Dubai machen wollte. Zu wenig Kultur, Betonwüste, zu heiß, zu viel Bling-Bling – all das verband ich mit dem Wort „Dubai“. Doch wie kam es zum Umdenken, welches mich letztendlich sogar dazu bewogen hat, in die Metropole am Persischen Golf auszuwandern?

So etwa um 2010 sah ich eine Reportage im deutschen Fernsehen, bei der ein reiches deutsches Ehepaar im gehobenen Alter dem Fernsehteam eine Führung durch ihr Apartment im höchsten Gebäude der Welt gab – dem Burj Khalifa in Dubai. Ich war beeindruckt. Der damals achtzehnjährige Flo hätte es zu diesem Zeitpunkt im Leben niemals für möglich gehalten, dass er irgendwann auch einmal in diesem Gebäude leben würde, geschweige denn dort sogar ein 250 Quadratmeter großes Penthouse im 94. Stock sein Eigen nennen dürfte. „Dubai ist nur etwas für Reiche und die sind eh alle eingebildet!“, dachte ich mir damals. Länder wie Thailand, Kenia oder Indien zogen mich zu der Zeit magisch an – „positiv dreckige“ Länder, also Länder mit echtem Leben, ohne Bling-Bling, mit Ecken und Kanten. Garküchen mit exotischem Essen an der einen Straßenseite, ein lautes Hupen eines alten Tuk Tuks auf der anderen Straßenseite. Pures Leben. Dubai erschien mir damals als zu langweilig. Zu perfekt. Eine Welt, in der Reiche mit Reichen bei einem Champagner im Beachclub auf alles Geld der Welt anstoßen.

Wie bereits erzählt, verreiste ich viel – sah Sansibar, Bangkok und viele weitere spannende Orte dieser Erde. Ich genoss das Abenteuer. Je exotischer, umso besser! Das war „mein Ding“. 2015 kam meine damalige Freundin mit dem Wunsch auf mich zu, dass wir gemeinsam Urlaub in Dubai machen könnten. Meine Begeisterung für diesen Wunsch lässt sich erahnen: Ich diskutierte und argumentierte tagelang mit ihr – ohne Erfolg, und so flogen wir im Sommer 2015 gemeinsam nach Dubai. Dort angekommen, fiel mir erst mal die starke Hitze auf, aber diese war ich gewohnt von anderen Ländern in Asien oder Afrika. Das Hotel konnte definitiv überzeugen. Gerade in den Sommermonaten findet man dort viele Luxushotels zu absolut günstigen Preisen. Perfekt für mich, der zu dieser Zeit gerade Student war und zudem am Anfang seiner Selbstständigkeit stand – das Geld war knapp. Genauso überrascht war ich von den Preisen vor Ort – natürlich kann man in einem angesagten Restaurant Hunderte Euro für ein Goldsteak ausgeben. Man findet allerdings mindestens genauso viele Restaurants, bei denen man den ganzen Tisch voll mit fantastischem Essen hat und am Ende meist sogar unter zwanzig Euro bezahlt.

Wir fuhren damals viel mit den günstigen Taxis in Dubai und kamen dabei auch häufig ins Gespräch mit den größtenteils indischen Taxifahrern. Freundliche, höfliche und interessante Persönlichkeiten. Teilweise waren sie bereits seit vielen Jahren in Dubai und erzählten begeistert von den zahlreichen positiven Entwicklungen im Land. Höher, schneller, weiter. Wofür andere Städte Jahrhunderte gebraucht hatten, benötigte Dubai wenige Jahrzehnte. Kein einziger Tag in unserem Urlaub war von schlechter Laune geprägt. Man spürte einen positiven Vibe in dieser Stadt. Menschen, die einander respektierten, sich auf der Straße freundlich grüßten, und eine Stadt, die dich motiviert, mehr zu erreichen. Das faszinierte mich damals und tut es auch heute noch.

Als ich 2015 dann auch das erste Mal direkt vor dem Burj Khalifa stand, war es um mich geschehen. Ich stand minutenlang mit Blick nach oben vor dem imposanten Gebäude, welches ich damals im Fernsehen gesehen hatte. An diesem Tag hatte ich anschließend nicht nur Nackenschmerzen, sondern auch den festen Entschluss, eines Tages in diesem Gebäude zu leben. Zurück in Deutschland verspürte ich enormen Tatendrang, mit meiner Selbstständigkeit so schnell wie möglich Erfolg zu haben.

Doch neben dem Tatendrang merkte ich auch, wie stark der Unterschied im Alltag zwischen Dubai und Deutschland war, und das spüre ich auch heute noch, wenn ich bei meinen Besuchen in Deutschland bin. Kannst du dich daran erinnern, wann du das letzte Mal von einer fremden Person auf der Straße gegrüßt worden bist? Wie glücklich sehen die Menschen morgens auf dem Weg zu ihrer Arbeit aus? Wie gut und freundlich ist der Service in Restaurants, Hotels oder an der Supermarktkasse? Freut sich dein Nachbar für deinen Erfolg? Hast du das Gefühl, dass deine Steuern gut verwendet werden und dein Leben besser machen? Dieser Urlaub in Dubai hatte damals bei mir viele Fragen aufgeworfen und mir in gewisser Art und Weise auch die Augen geöffnet. In einem früheren Kapitel habe ich den Spruch „Your network is your net worth" bereits einmal erwähnt, und ich hatte seit dieser Zeit in Dubai das Gefühl, dass ich für meine persönlichen, aber auch für meine geschäftlichen Ziele ein Umfeld bräuchte, welches mich eher nach vorn pusht, anstatt mich aufzuhalten.

Ende 2021 hatte ich dann genügend Geld angespart und mein Business seit dem besagten Dubai-Urlaub konsequent Tag für Tag weiter ausgebaut, sodass ich endlich auswandern konnte. Ich landete in Dubai und zog zunächst in ein kleines, günstiges Hotel abseits der Luxusgegenden von Dubai. In dieser Gegend namens Deira leben eher normale Arbeiter aus Indien und Afrika und es gibt viele der vorhin angesprochenen günstigen Restaurants. So verbrachte ich die ersten drei Wochen in meiner neuen Wahlheimat zwischen günstigem indischen Essen, Wohnungssuche und spannenden Gesprächen mit den Einheimischen. Im Nachhinein muss ich auch heute noch feststellen, dass ich dort fast am liebsten gewesen bin. Ich liebe zwar Downtown Dubai und auch die Annehmlichkeiten der Touristenhotspots in Dubai, aber der Stadtteil Deira hat damals wirklich mein Herz gewonnen, und ich bin auch heute noch lieber dort als in irgendeinem angesagten Beachclub. Ich bin damals fast jeden Tag in ein sehr einfaches indisches Lokal zum Essen gegangen und habe dort nie auch nur einen einzigen Touristen gesehen. Auch der Besitzer, die Servicekräfte sowie die Gäste im Restaurant waren jedes Mal überrascht, wenn ich das Restaurant betrat. Nur wenige sprachen Englisch. Doch man entdeckte immer eine Ebene, auf der man kommunizieren konnte und mit einem Lächeln zusammenfand. Köstliches Essen, günstige Preise und am Ende jedes Mal eine herzliche Verabschiedung sowie ein gutes Trinkgeld. Der Service und die Gastfreundschaft in Dubai sind generell hervorragend, aber in diesen Teilen der Stadt noch mal auf einem ganz anderen Level. Herzlichkeit, Höflichkeit und Authentizität sind etwas Unbezahlbares und dabei etwas so Bereicherndes für jedes Leben. Natürlich gibt es das nicht nur in Dubai, aber in Dubai ist es allgegenwärtig und ein fester Teil des Alltags und der Gesellschaft.

Natürlich bin ich auch wegen der Steuern nach Dubai ausgewandert – jeder Unternehmer, der nach Dubai kommt und etwas Gegenteiliges behauptet, lügt. Es war sogar mit einer der entscheidenden Gründe für meine Auswanderung. Der damalige Verkehrsminister Andreas Scheuer hatte zu dieser Zeit etwa 243 Millionen Euro aufgrund geplatzter Mautpläne in den Sand gesetzt. Steuergelder. Ohne dass der Steuerzahler davon am Ende irgendetwas hatte. Und das Schlimmste: Ohne Konsequenzen für Andreas Scheuer. Das war zu viel für mich. Die letzten Zweifel, dass Deutschland keine Steuern mehr von mir erhalten würde, waren damit verflogen, und ich flog mit all meinem Hab und Gut nach Dubai.

Ich habe nichts gegen Steuern und finde sie auch sinnvoll, wenn sie sinnvoll ausgegeben und eingesetzt werden. Das Gefühl hatte und habe ich in Deutschland nicht mehr. Stattdessen hatte ich mir vorgenommen, dass ich selbst mit meinen Einnahmen etwas an die Gesellschaft zurückgebe und meinen Teil leiste. Seit meiner Auswanderung spende ich monatlich Geld an karitative Einrichtungen und Projekte. Damit weiß ich genau, dass das Geld direkt dort ankommt, wo es benötigt wird und der Gesellschaft dient. Jeder Cent. Das ist echter Service an der Gesellschaft. Das, was ich in Deutschland vermisse. Deutschland hat kein Einnahmenproblem, sondern ein Ausgabenproblem. Und so komme ich nicht nur bei Gastronomie und Co., sondern auch steuerlich zu einem klaren Fazit: Deutschland ist eine Servicewüste und Dubai ist Service in der Wüste.

Ich lebe heute im höchsten Gebäude der Welt in Dubai. Habe das geschafft, was das wohlhabende alte Ehepaar, welches ich damals 2010 im Fernsehen noch bestaunt habe, erreicht hatte: Ich bin Eigentümer eines Penthouse des Burj Khalifa. Und ich bin bis heute froh, die Entscheidung zur Auswanderung getroffen zu haben. Ich denke, vielen Menschen kann eine Auswanderung guttun. Nicht nur, weil man eventuell mit dem eigenen System im Land unzufrieden ist, sondern auch um seinen Horizont zu erweitern. Neue Dinge zu erleben. Wenn du immer dasselbe Umfeld hast, kommst du nur selten aus deiner Komfortzone, hast selten neue Impressionen und forderst dich nicht stark genug.

Natürlich sind Menschen unterschiedlich und das ist auch gut so. Nicht jeder ist fürs Auswandern gemacht und auch nicht jeder will das. Doch für viele kann es sinnvoll sein. Für mich war es sinnvoll. Es gibt ein berühmtes Sprichwort, welches besagt, dass harte Zeiten harte Menschen hervorbringen und harte Menschen gute Zeiten. Gleichzeitig bringen gute Zeiten schwache Menschen hervor und schwache Menschen wiederum führen zu harten Zeiten. Ein ewiger Kreislauf. Ich denke, Deutschland kann sich wieder fangen. Deutschland ging es zu lange zu gut. Das führte zu einer verweichlichten Gesellschaft, zu wenig Elan und immer größer werdenden Problemen. Ich sehe nun harte Zeiten für Deutschland, aber auch für Europa. Während Asien und vor allem die Vereinigten Arabischen Emirate in den letzten Jahrzehnten immer stärker gewachsen sind und immer mehr Wohlstand aufgebaut haben, haben sich Deutschland und Europa auf ihrem Wohlstand ausgeruht und sich in vielen Bereichen kaputt gewirtschaftet. Doch es werden auch wieder bessere Zeiten für den europäischen Kontinent kommen. Davon bin ich überzeugt. Für mich verläuft alles gemäß Zyklen. Wenn wir dabei in die Vergangenheit blicken, sehen wir zuerst die Griechen, die von 800 bis 500 vor Christus ihre Blütezeit hatten, gefolgt von den Persern, die etwa 550 vor Christus die Oberhand hatten, und woran die Römer ab 100 nach Christus anschlossen. Alles verläuft in Zyklen. Was damals die Griechen waren, sind heute die Europäer. Was damals die Perser waren, sind heute die Vereinigten Arabischen Emirate. Und deshalb kommen so viele Habibis nach Dubai.

KAPITEL 33

IN 100 JAHREN

In 100 Jahren werden du und ich vergessen sein. In 100 Jahren werden wir nicht mehr leben. Wow, was für ein pessimistischer Einstieg in ein Kapitel – nicht wahr? Aber so sieht nun mal die Realität aus. Und ich bin gnadenloser Realist. Kannst du dich an deinen Urgroßvater erinnern? Vermutlich hast du ihn nicht einmal kennengelernt. Ich auch nicht. Und doch hat er ein bedeutsames Leben gelebt. Hoffentlich. Damit meine ich nicht, dass er etwas Großartiges für die Menschheit geschaffen haben muss. Damit meine ich viel eher, dass er seinem Leben Bedeutung gegeben hat. Bedeutung im Sinne von bewusst leben. Bedeutung im Sinne vom Anerkennen, dass das Leben ein Geschenk ist. Bedeutung im Sinne von Freude an allem, was man tut. Ob wir uns, als die nächsten Generationen, an unseren Urgroßvater oder an andere Familienmitglieder erinnern, ist nicht wichtig. Es wäre auch vermessen, davon auszugehen, dass das eigene Leben für spätere Generationen so wichtig wäre, dass sie sich an einen erinnern müssten. Doch im besten Fall tun sie es. Weil sich Lebzeiten vielleicht überschnitten haben und man eine positive Beziehung zueinander hatte. Doch zu erwarten, dass eine Generation weiter, die man als Verstorbener selbst nie kennengelernt hatte, nun noch großartig an einen denken soll, halte ich für unsinnig.

Der Mensch hat allerdings etwas in sich. Eine Angst, die auch mich nicht schlafen lässt – Bedeutungslosigkeit. Ich lebe. Doch wofür? Ja, mein Leben fühlt sich ewig an. Es fühlt sich an wie der Mittelpunkt des Universums. Doch von einer Metaebene aus betrachtet, ist mein Leben ein winziges Sandkorn in der Sanduhr des Universums. Wir fühlen uns immer so wichtig. Denken, dass das Universum ausgerechnet uns vor die größten Probleme stellt. Gehen davon aus, dass unsere Träume und Errungenschaften von größter Bedeutung sind. Doch am Ende ist alles bedeutungslos. In hundert Jahren werden wir mit unseren Freunden und Familien begraben sein. In unserem Zuhause werden fremde Menschen leben. Unser Traumauto, auf das wir lange gespart haben, wird auf dem Schrottplatz sein oder bei irgendeinem Sammler stehen. Der Streit mit dem Chef von letzter Woche – ein Jahrhundert her und irrelevant. Dein erster Kuss – einer von Milliarden ersten Küssen auf der Welt seitdem.

Ich möchte dich damit nicht belasten oder Ängste wecken. Ich will dich mit diesen Zeilen aber wachrütteln. Lebe ein tiefergehendes Leben. Lebe ein Leben, in dem du Dinge wagst. Es sollte zwei Mottos geben: Entweder ist es eine Erfahrung und eh für das Universum unbedeutend oder es wird etwas Großartiges, das Bedeutung schafft. Du willst ein eigenes Unternehmen gründen, weil das schon immer dein großer Traum war und du eine tolle Idee hast? Mach es! Was soll schon passieren? Im schlimmsten Fall ist es eine Erfahrung, im besten Fall gibt es deinem Leben eine bedeutungsvolle Wende und wer weiß, vielleicht schaffst du damit auch den Grundstein für ein Familienbusiness, welches Generationen überdauert, für Wohlstand sorgt und die Welt bereichert.

Jede Entscheidung, jede Herausforderung, jeder Wunsch wird von mir seit jeher so angegangen. Den Mutigen gehört die Welt. Die Feigen verschwinden in der Bedeutungslosigkeit. Neben der Bedeutungslosigkeit ist für mich vor allem die Angst davor, „gewöhnlich" zu sein, ein großes Thema im Leben. Aus welchem Grund sollte ich ein gewöhnliches Leben führen? Ich war lange, bis in meine frühe Jugend, eher zurückhaltend und schüchtern. Man hätte mich damals wohl als ziemlich gewöhnlich beschrieben. Heute lebe ich ein Leben im höchsten Gebäude der Welt, bereise die exotischsten Orte unseres Planeten und bin weit weg von „gewöhnlich". Lebe ich deswegen ein besseres Leben als der Rest der Menschheit? Nein, ganz sicher nicht!

Viele Menschen finden ihr persönliches Glück und große Freude in einem gewöhnlichen Leben. Doch viele dieser Menschen bereuen am Ende ihres Lebens, nicht doch etwas mehr gewagt zu haben. Nicht doch etwas mehr Risiko eingegangen zu sein. Aber egal, ob du anstrebst, dass sich viele nachkommende Generationen unbedingt an dich erinnern sollen oder du einfach nach einem Sinn im Leben suchst: Bedeutung fängt oft auch im Kleinen an. Genieße die Spaziergänge in der Natur, die du so selten machst. Verzeihe schneller. Spüre die Wärme der Sonne an einem warmen Sommertag auf deiner Haut. Lebe bewusster und offener. Lege den Fokus auf Tiefgehendes, nicht auf Oberflächliches. Und selbst wenn es am Ende nicht dazu reicht, dass sich in hundert Jahren jemand an dich erinnert, so hast du wenigstens deinem eigenen Leben in deiner Wahrnehmung eine Bedeutung gegeben. Wenn du nach dieser Maxime lebst, vermeidest du die zwei traurigsten Wörter, die ein Mensch am Ende seines Lebens auf dem Sterbebett sagen kann: „… wäre … gewesen …“.

KAPITEL 34

WURZELN UND FLÜGEL

Eine Frage, die ich oft gestellt bekomme, wenn es um mein Vermögen und meine Zukunft geht: Was wird einmal mit dem ganzen Geld passieren? Wer wird es erben? Wie viele Generationen nach mir haben durch mich nun ausgesorgt? Ganz ehrlich: Ich weiß es nicht. Ich habe vermutlich mit Anfang 30 schon mehr Vermögen aufgebaut als die meisten Familien über mehrere Generationen. Damit wäre ich wohl auf dem besten Weg, eine großkotzige, überhebliche Dynastie von reichen Schnöseln zu starten – doch bevor es dazu kommt, verbrenne ich lieber mein gesamtes Geld. Eine der schlimmsten Auswirkungen, die mein Vermögen hervorbringen könnte, wären Nachfahren, die entweder privilegierte Arschgeigen werden oder faule Nichtsnutze. Oft beobachtet man in der Geschichte, dass die erste Generation hart arbeitet, um Vermögen zu schaffen. Die zweite Generation genießt und verwaltet dieses Vermögen. Spätestens die dritte Generation verbraucht dann das Vermögen, studiert Kunstgeschichte oder Ähnliches. Das ist natürlich etwas überspitzt ausgedrückt, aber so wird es in den meisten Fällen kommen, wenn man finanzielle Bildung und Erziehung nicht mit vererbt.

Würden meine Kinder mein Vermögen erben? Ja und nein. Sie würden es erben, wenn sie es sich verdienen. Mit „verdienen" meine ich nicht, dass sie für mich arbeiten sollen, sondern im Gegenteil – sie sollen für *sich* arbeiten. Sie erhalten ein normales Taschengeld, gehen auf eine normale Schule, leben ein normales Leben, in dem Ehrgeiz, Fleiß und Dankbarkeit im Fokus stehen sollen. Nebenjob? Ja bitte. Gute Schulnoten? Ein Muss. Etwas erreichen im Leben? Das Ziel. Der Mensch wird arrogant oder faul, wenn ihm der Antrieb fehlt. Arroganz und Faulheit enden in den meisten Fällen in Unzufriedenheit. So möchte ich meine Kinder nicht erziehen. Der frühere Emir von Dubai sagte einmal: „Mein Großvater ritt auf einem Kamel, mein Vater ritt ebenfalls auf einem Kamel, ich fahre *Mercedes*, mein Sohn fährt *Land Rover*, mein Enkel fährt *Land Rover* – aber mein Urenkel wird wieder auf einem Kamel reiten!" Der frühere Emir meint damit nicht, dass er kein Vertrauen in die Zukunft Dubais habe, sondern, dass Wohlstand, der ohne Arbeit, ohne Werte und ohne Disziplin weitergegeben wird, oft zu Bequemlichkeit führt.

Ich habe mir mit Schweiß und Sorgen ein Vermögen aufgebaut, damit meine Kinder Freiheit spüren – und nicht den Druck, den ich einst kannte. Ihr Erbe soll nicht nur Reichtum sein, sondern auch die Leichtigkeit, ohne Last zu träumen. Ich werde sie fordern, aber auch fördern. Sie sollen von mir Flügel erhalten. Flügel, die sie zur Selbstständigkeit, Mut und Entfaltung animieren. Und sie werden von mir Wurzeln erhalten. Wurzeln, die ihnen Geborgenheit, Werte und Halt im Leben bieten. So hatte es auch schon Johann Wolfgang von Goethe weise formuliert. Ich habe von meinen Eltern ebenfalls diese Flügel und Wurzeln erhalten. Ich wurde seit meiner frühen Kindheit gefordert und gefördert. Sie vermittelten mir seit jeher stets die Bedeutung von persönlicher Entfaltung, Demut und dem Streben nach Erfüllung. Sie nahmen sich Zeit für mich, wenn ich sie brauchte. Meine Mama fragte mich beispielsweise nach der Arbeit stets Vokabeln ab, wenn ich diese für die Schule lernen musste oder half mir beim Zeitungsaustragen, als ich einmal krank war und draußen ein Schneesturm tobte. Mein Papa besuchte mich bei meinem Nebenjob im Supermarkt und machte stolz Fotos von seinem Sohn, der gerade Kunden gezeigt hatte, in welchem Gang die Limonaden standen. Sowohl meine Mama als auch mein Papa ermutigten mich bei meinem Vorhaben zur Selbstständigkeit. Auch wenn die „Flügel" und „Wurzeln" metaphorisch in meinem Leben sind – ich spüre sie jeden Tag.

Ich bin meinen Eltern sehr dankbar für alles, was sie für mich getan haben, und ohne ihre Erziehung wäre ich heute wohl nicht dort, wo ich im Leben stehe. Und genau so möchte ich auch meine Kinder erziehen. Heutzutage versuche ich, für meine Eltern da zu sein. Bevor ich das erste Mal in meinem Leben First Class geflogen bin, habe ich meine Mama, die ihr ganzes Leben lang nur Economy-Class geflogen ist, in der First Class nach Dubai einfliegen lassen. Im ersten Jahr meiner Auswanderung schenkte ich meiner Mama eine unlimitierte Kreditkarte, die auf mein Konto läuft, die sie für den Rest ihres Lebens jederzeit verwenden kann. Wann immer meine Eltern etwas brauchen, bin ich für sie da. Mein Vermögen gibt mir die Freiheit und Flexibilität, fast jedes Problem – auch für meine Eltern – zu lösen. Ich kann jederzeit innerhalb von wenigen Stunden in Deutschland sein – ich muss keinen Chef nach Urlaub fragen und kann mir im absoluten Notfall sogar einen Privatjet chartern. Der Ruhestand meiner Eltern ist gesichert. Finanzieller Wohlstand führt auch meist zu mehr Lebensqualität und Sorglosigkeit. Und diesen Wohlstand haben sich meine Eltern verdient. Sie gaben mir Wurzeln, um fest zu stehen, und Flügel, um frei zu fliegen – jetzt bin ich der Baum, der ihnen Schatten spendet, wenn sie müde werden.

KAPITEL 35

FREIER MENSCH

Es ist spät. Dubai leuchtet. Die Straßen tief unten sind noch voller Leben – Autos, Stimmen, flackerndes Licht. Eine Stadt, die immer in Bewegung ist, wie ein Herz, das nie aufhört zu schlagen. Ich stehe am Fenster meines Apartments, ganz oben. Hier oben ist alles anders. Kein Lärm. Keine Bewegung. Nur Weite und Stille. Und in dieser Stille höre ich etwas, was viele Menschen oft überhören: mich selbst. Vielleicht ist das der größte Luxus, den ich mir erarbeitet habe. Nicht die Aussicht. Nicht die Etage. Sondern die Tatsache, dass ich heute wach sein kann – ganz bei mir – und frei bin. Dass ich sagen kann: Ich bin auf meinem Weg geblieben und es hat sich gelohnt.

Ich denke an alles, was hinter mir liegt. An die Jahre, in denen ich jeden Tag das Gefühl hatte, gegen etwas anzukämpfen – gegen Erwartungen, gegen Zweifel, gegen Mittelmaß. An die Momente, in denen ich nicht wusste, wie es weitergeht. An all die Entscheidungen, die niemand gesehen hat, aber die mich bis hierhergebracht haben. Ich habe mir vieles aufgebaut. Unternehmen. Unabhängigkeit. Sichtbarkeit. Ich habe Millionen verdient. Ich habe Hunderttausende Follower erreicht. Ich habe mein Leben in eine Richtung gelenkt, die ich mir früher nicht einmal zu träumen erlaubt hätte. Und doch: Das Wertvollste, das ich heute besitze, ist nicht sichtbar. Es ist das Gefühl, dass ich mir selbst gehören darf. Dass ich niemandem etwas vorspielen muss. Vollkommene Freiheit. Freiheit ist nicht laut. Sie schreit nicht. Sie kommt still. Oft nachts. So wie jetzt. Sie zeigt sich in Momenten, in denen du für dich erkennst: Ich muss niemandem mehr gefallen. Ich muss niemanden mehr beeindrucken. Ich muss nicht mehr beweisen, dass ich genug bin. Weil ich es längst bin. Nicht, weil ich alles erreicht habe. Sondern, weil ich mir selbst treu geblieben bin.

Was ich heute habe, ist nicht einfach vom Himmel gefallen. Es war eine Entscheidung. Immer wieder. Nicht der einfachste Weg. Aber der ehrlichste. Ich habe gelernt, dass es nicht darum geht, ob du fällst – sondern ob du mit Würde wieder aufstehst. Dass es nicht darum geht, ob alle dich mögen – sondern ob du dich selbst achten kannst. Ich hätte oft den leichteren Weg wählen können. Die sichere Option. Den Kompromiss. Aber ich wusste tief in mir: Wenn ich das tue, verliere ich etwas, das ich nie wieder zurückbekomme – mich selbst. Frei zu sein, heißt, das auszuhalten. Heißt, einige Jahre unbequem zu leben, wenn dein Herz dich ruft. Heißt, den Mut zu haben, dich deiner eigenen Größe zu stellen – auch wenn niemand daran glaubt, außer dir. Ich habe oft Angst gehabt. Und trotzdem bin ich losgegangen. Ich habe Fehler gemacht. Und trotzdem habe ich weitergemacht. Ich wurde unterschätzt, kritisiert, missverstanden. Und trotzdem bin ich nicht verbittert. Vielleicht, weil ich mir immer dieses Kribbeln im Bauch bewahrt habe. Diese leise Stimme, die mir sagt: Da geht noch mehr. Nicht im Sinne von „mehr Geld", „mehr Erfolg", „mehr Reichweite" – sondern mehr von dem, was wirklich zählt. Mehr Tiefe. Mehr Wahrheit. Mehr Bedeutung. Ich will nicht nur ein schönes Leben haben. Ich will ein bedeutungsvolles Leben leben. Ein Leben, das inspiriert. Das berührt. Das bewegt. Ein Leben, das mich stolz macht – nicht wegen des Ergebnisses, sondern wegen des Weges.

Ich hatte mich dazu entschieden, eine Maske aufzuziehen und anonym zu bleiben. Nicht, weil ich mich verstecken wollte – sondern um Prioritäten zu setzen. Weil ich wollte, dass nicht mein Gesicht spricht – sondern das, was ich zu sagen habe. Weil ich glaubte – und noch immer glaube –, dass man Menschen nicht mit Oberflächlichkeit verändert, sondern mit Tiefe. Ich bin sichtbar geworden, ohne mich zu entblößen. Ich bin gehört worden, ohne zu schreien. Ich bin mir treu geblieben, ohne starr zu sein. Und genau das ist für mich Freiheit. Nicht tun zu müssen, was andere erwarten. Nicht sagen zu müssen, was gut ankommt. Sondern das zu leben, was in mir brennt – egal, ob jemand zuschaut. Freiheit bedeutet nicht, keine Grenzen zu haben. Freiheit bedeutet, deine eigenen Grenzen zu setzen. Freiheit bedeutet nicht, alles zu besitzen – sondern wählen zu können, was du brauchst. Freiheit bedeutet nicht, unverwundbar zu sein – sondern verwundbar zu sein und es trotzdem zu tun.

Ich sehe auf die Stadt unter mir. So viele Menschen, so viele Geschichten. Und ich frage mich: Wie viele dieser Menschen leben ihr eigenes Leben – und wie viele das Leben, das andere für sie entworfen haben? Ich kenne den Unterschied. Ich habe ihn selbst gespürt. Ich habe mich selbstständig gemacht, als alle sagten, ich sei verrückt. Ich bin losgegangen, ohne zu wissen, ob es funktioniert. Ich habe mein Innerstes genommen – meine Ideen, meine Werte, meine Energie – und daraus etwas gebaut, das Bestand hat. Nicht perfekt. Aber echt. Nicht glatt. Aber stark. Nicht angepasst. Aber aufrichtig. Und genau das wünsche ich jedem, der meine Geschichte liest: Nicht, dass du wirst wie ich. Sondern, dass du wirst, wer du wirklich bist. Dass du aufhörst, zu fragen, was die Welt von dir will – und anfängst, zu fragen, was deine Seele dir zuflüstert. Dass du dich traust, groß zu denken, ohne dich zu rechtfertigen. Dass du mutig bist. Und frei. Wenn ich eins gelernt habe, dann das: Die Welt gehört nicht den Angepassten. Sie gehört den Mutigen. Den Suchenden. Den Ehrlichen. Den Menschen, die bereit sind, das Risiko einzugehen, sie selbst zu sein – in einer Welt, die alles daransetzt, dich zu jemand anderem zu machen. Und wenn du diesen Weg gehst, ganz gleich, wo du gerade stehst: Du wirst scheitern. Du wirst zweifeln. Du wirst manchmal einsam sein. Aber du wirst auch etwas spüren, das du für nichts auf der Welt eintauschen willst: dich selbst. Deinen Weg. Dein Feuer. Deine Wahrheit. Und eines Tages wirst du – so wie ich jetzt – an einem Fenster stehen, in die Nacht schauen, in dich hineinfühlen und sagen können: Ich bin ein freier Mensch.

Das wünsche ich dir auch!

Flo Pharell

ForwardVerlag

Dir hat das Buch gefallen?

Wir freuen uns über jede Rezension bei Amazon.

Mit deiner Rezension unterstützt du uns, bei Amazon eine verbesserte Sichtbarkeit zu erhalten. Das hilft vielen Menschen sehr weiter.

Sende uns gerne eine E-Mail mit einem Screenshot von deiner Bewertung bei Amazon und erhalte ein tolles Geschenk.

Du hast Interesse an unseren Büchern?

Zum Beispiel als Geschenk für deine Kunden oder Mitarbeiter?

Dann fordere unsere attraktiven Sonderkonditionen an.

---

info@forwardverlag.de

ForwardVerlag